AÇÃO RESCISÓRIA

ARNALDO ESTEVES LIMA

POUL ERIK DYRLUND

AÇÃO RESCISÓRIA

4ª EDIÇÃO

Del Rey editora

Belo Horizonte
2017

Impresso no Brasil | Printed in Brazil

EDITORA DEL REY LTDA
www.delreyonline.com.br

Editor: Arnaldo Oliveira

Editor Adjunto: Ricardo A. Malheiros Fiuza

Editora Assistente: Waneska Diniz

Revisão: RESPONSABILIDADE DOS AUTORES

Diagramação: Lucila Pangracio Azevedo

Capa: Alfstudio

Editora / MG
Rua dos Goitacases, 71
CEP 30190-050 – Belo Horizonte – MG
Tel: (31) 3284-5845 – 3284-3284
editora@delreyonline.com.br

L732a Lima, Arnaldo Esteves
Ação rescisória. / Arnaldo Esteves Lima e Poul Erik Dyrlund. 4. ed. Belo Horizonte: Del Rey, 2017.

184 p.

ISBN: 978-85-384-0496-5

1. Brasil. [Código de processo civil (2015)]. 2. Ação rescisória, Brasil. I. Dyrlund, Poul Erik. II. Título.

CDU: 347.922.6(81)

À Maria José, esposa e companheira dedicada; a nosso querido filho, João Paulo, amigo sincero, estudioso, razão de ser, maior, da nossa própria existência, dedico, em especial, este trabalho, em coautoria com o dileto colega, Dr. Poul Erik.

Arnaldo Esteves Lima

À Maria Cecília, esposa meiga e sempre entusiasmada com a minha paixão pelo magistério jurídico e pela minha decisão visceral de escolher o valor justiça como fundamento de minha existência como magistrado e cidadão.

Poul Erik Dyrlund

AGRADECIMENTOS

Os Autores agradecem a prestimosa colaboração administrativa e operacional da Dra Silvana Bloise, sempre eficiente e dedicada. No contexto acadêmico, somos gratos à participação intelectual do amigo e professor Carlos Roberto de Andrade e Silva, o qual colaborou para o aperfeiçoamento da metodologia Jurídica utilizada neste ensaio e, ainda, na perspectiva de entender o Direito como uma totalidade. Agradecimento especial à acadêmica e estagiária de Direito, Isabella Gontijo Teixeira, pela fundamental e competente ajuda nesta nova edição.

SUMÁRIO

NOTA PRÉVIA xiii

NOTA A ESTA EDIÇÃO ABORDANDO A AÇÃO RESCISÓRIA NO ATUAL CPC xv

CAPÍTULO I – INTRODUÇÃO, CONCEITO E PRESSUPOSTOS 1

1. Introdução 1
2. Conceito 2
3. Pressupostos 3
4. Decisão de mérito (art. 485, CPC) 4
5. Exigência do trânsito em julgado 9
6. Decadência do prazo para interposição (art. 495, CPC) 9
7. Hipóteses autorizadoras para o ajuizamento da ação 18
8. Depósito 20
9. Da tutela de urgência 20

CAPÍTULO II – ANÁLISE E INTERPRETAÇÃO DOS ARTS. 485 E 1.030 DO CPC E RESPECTIVOS INCISOS 25

1. Nos casos de prevaricação, concussão ou corrupção 25
2. Impedimento ou incompetência do juiz 27
3. Ocorrência de dolo da parte vencedora ou colusão, entre as partes, a fim de fraudar a lei 28
4. Ofensa à coisa julgada 30
5. Violação à literal disposição de lei 34
6. Fundada em prova falsa 49
7. Ocorrência de documento novo 50
8. Quando houver fundamento para invalidar confissão, desistência ou transação, na qual tenha se embasado a sentença 53
9. Em ação de inventário, na sentença que julgou partilha (art. 1.030, CPC) 54
10. Sentença fundada em erro de fato 55

CAPÍTULO III – DA LEGITIMIDADE E DA COMPETÊNCIA 61

1. Da legitimidade 61
2. Da competência 65
3. Observação quanto ao impedimento e decisão complexa 72
4. Execução 73

CAPÍTULO IV – DO PROCEDIMENTO 75

1. Requisitos essenciais do art. 282/CPC e exame pelo relator 75

2. Obrigatoriedade do depósito e casos de dispensa ... 90
3. Prazo para resposta ... 92
4. Revelia – sua inaplicabilidade ... 94
5. Da interposição de recurso às decisões interlocutórias ... 95
6. Intervenção do MP e de terceiros ... 95
7. O juízo rescindendo e novo julgamento da causa ... 96
8. Destinação do depósito ... 98

CAPÍTULO V – RECURSOS POSSÍVEIS NO ACÓRDÃO DA AÇÃO RESCISÓRIA ... 101

CAPÍTULO VI – DA EXECUÇÃO E OUTROS ASPECTOS INCIDENTAIS ... 105
1. Execução do acórdão ... 105
2. Ação anulatória ... 105
3. Competência e prazo para a anulatória ... 108
4. Rescisória de rescisória ... 109
5. Execução da decisão rescindenda ... 109

CAPÍTULO VII – ALGUNS CASOS PECULIARES ... 113
1. Regra geral ... 113
2. *Querela nullitatis* ... 114
3. Rescisória no Direito do Trabalho ... 128
4. Rescisória no Direito Eleitoral ... 130

CAPÍTULO VIII – CONSIDERAÇÕES GERAIS ... 133
1. Institutos afins ... 133
1.1 Na esfera penal ... 133
1.2 No âmbito administrativo ... 133
1.3 No processo disciplinar ... 134
1.4 No Juizado Especial ... 134

CAPÍTULO IX – CONCLUSÃO ... 135
APÊNDICE ... 137
SÚMULAS ... 145
A SEGUIR, OS ARTIGOS DO CPC/73 E DO NCPC, SOBRE AR ... 159
REFERÊNCIAS BIBLIOGRÁFICAS ... 165

NOTA PRÉVIA

"*Dir-se-ia que alguns livros não foram escritos para que deles se aprenda, mas para que se saiba que o autor sabia alguma coisa.*"

Goethe

1. A rescisória, por força da renovação que se tem evidenciado nos últimos tempos, seja no Direito como uma totalidade, e, mais especificamente, na área do processo, de instituto raramente utilizado, tornou-se, na verdade, quase um lugar-comum nos litígios, *malgrado a sua natureza visivelmente excepcional.* Adotou-se, no desenvolvimento deste estudo, a advertência em epígrafe, ou seja, fazer a mostração da rescisória, e, em hipótese alguma, houve a preocupação de demonstrar uma erudição de acento jurídico interdisciplinar.

2. Tem havido efetiva utilização da rescisória, *com maior intensidade*, ao que tudo indica, após a promulgação da Carta Política vigente, a qual, pelo reconhecido empenho do saudoso deputado Ulysses Guimarães, inaugurou, entre nós, o Estado democrático brasileiro que, dentre outras coisas, ampliou consideravelmente os direitos e garantias fundamentais, e, de modo categórico, assegurou a entrega da tutela jurisdicional do Estado, *nestes termos insuperáveis*:

> "A lei não excluirá da apreciação do Poder Judiciário lesão ou ameaça a direito." (art. 5º, XXXV)

3. Procurou-se, neste ensaio, advertir para a necessidade do uso ponderado da rescisória, no sentido da indispensável reflexão ao se decidir por este instrumental, seja pela sua peculiaridade, seja pelos requisitos específicos que lhe atestam a natureza jurídica bem diversa das demais ações judiciais.

4. Nela, está-se a equilibrar, de um lado, a segurança jurídica, ditada pela coisa julgada e, de outro, o imperativo da Justiça, que é o apanágio do regime democrático. Em suma, propor uma rescisória em hipótese alguma equivale a se ajuizar, como, por exemplo, uma ação possessória, ou mesmo uma ação de perdas e danos. O território jurídico da rescisória é quase matematicamente delimitado.

5. Ver-se-á, por outro lado, que, em havendo várias obras a respeito, dentre elas a de Pontes de Miranda, julgou-se de bom aviso, *mas sem pretensão de originalidade,* dissecar objetivamente as hipóteses de seu cabimento, em linguagem objetiva, com o único fim de clarificar o instituto, *harmonizando a lei, a doutrina e a jurisprudência existentes a respeito.*

6. Além disso, a pertinência desta pequena obra se justifica ante inúmeras controvérsias que ainda se evidenciam no terreno movediço da ação rescisória. Neste particular, e dentro do contexto enunciado nos tópicos anteriores, os Autores estão convictos de que não têm outras aspirações senão a de apresentar a aludida temática como de razoável utilidade para os operadores do Direito, que, obviamente, são os seus principais destinatários.

7. É importante sublinhar, por último, que, na elaboração deste ensaio, os Autores procuraram construir suas idéias e respectivas conclusões *fundados na experiência,* ou, como diria o grande Carnelutti, ao falar da imposição de se elaborar um trabalho jurídico voltado para a realidade: "...à matéria-prima, sobre a qual trabalha o pensamento, damos o nome de realidade... o que é certo é que o trabalho tem necessidade da contraposição entre pensamento e realidade".

Os Autores

NOTA A ESTA EDIÇÃO ABORDANDO A AÇÃO RESCISÓRIA NO ATUAL CPC

A Lei nº 13.105, de 16/03/2015, disciplina o NCPC, cuja vigência teve início a partir de 18/03/2016, conforme seu art. 1.045. Com o seu advento, imaginamos útil atualizar este trabalho que se calcou no CPC/73, artigos 485/495, considerando que algumas inovações foram introduzidas a respeito da ação rescisória, cuja nova disciplina encontra-se prevista a partir do art. 966 até o 975.

Nesta edição, que mantém a anterior, comentamos, sucintamente, como sempre foi o nosso propósito, os novos contornos jurídicos desta importante ação, que deve ser utilizada com muito cuidado e parcimônia, pois o seu alvo essencial é a desconstituição da coisa julgada, garantia fundamental que merece, como regra, ser protegida pela ordem jurídica, ante os seus propósitos de pacificação social e segurança jurídica. Assim, é importante o apurado estudo da ação em apreço para que o seu sensível alvo só seja atingido nas estritas e definidas hipóteses legalmente previstas, nada além.

Neste trabalho, mantivemos o texto originário, de acordo com o CPC/73, fazendo sua atualização em consonância com o CPC – Lei 13.105/2015, inclusive com as alterações oriundas da Lei 13.256, de 04/02/2016. Para facilitar o estudo comparativo da Ação Rescisória, as atualizações inseridas na presente edição estão destacadas em **negrito**.

Os Autores.

CAPÍTULO I

INTRODUÇÃO, CONCEITO E PRESSUPOSTOS

1. INTRODUÇÃO

O Direito, sabidamente, não é ciência exata. Aliás, ainda recentemente – REsp. n° 237.504-CE, DJ de 16.10.2000 –, o em. Ministro Humberto Gomes de Barros, em parte da ementa, lembrou: "Em seu conceito moderno, o Direito é a arte do justo e do razoável." Os que militam na seara jurídica, em face da ausência de um pensamento uníssono acerca de um instituto, se vêem, não muito raramente, instados a se valerem do chamado argumento de autoridade, aplicando dezenas e mais dezenas de citações, o que chega a se tornar enfadonho. Nessa linha de raciocínio, no desenvolvimento deste trabalho, decidiu-se pela utilização de doutrinadores quando estritamente necessário. Nada de conjecturas e especulações que só servem, no mais das vezes, para complicar aquilo que pode ser inteligível, mercê do bom senso e da lógica do razoável, como buscamos neste estudo, que não tem outro objetivo senão a clareza, a objetividade e a concisão. Elegeu-se, desse modo, uma metodologia voltada para a realidade e, mais precisamente, para aquela evidenciada pela jurisprudência de nossos tribunais, lembrando-se, neste particular, a lúcida advertência de Jimenez Asúa: "A lei reina, mas a jurisprudência governa."

Sabe-se que a ação rescisória, dentre outros aspectos, tem por escopo a obtenção de justiça, mas não cabe aqui, dada a natureza utilitarista e dogmática destes apontamentos, tecer maiores considerações sobre o que seja a justiça. Tal papel cabe aos trabalhos desenvolvidos na área da Filosofia do Direito.

No entanto, há de se averbar que o instrumental da ação rescisória tem sido intensificado, na última década, por influência nítida da Teoria da Justiça de John Rawls e, entre nós, pelas reflexões de Miguel Reale, notadamente aquelas desenvolvidas em sua obra Nova fase do Direito moderno.

Atualmente, com base no pensamento de Reale, a idéia de justiça apresenta os seguintes aspectos básicos:

1º – não lograram êxito, ainda, os inúmeros esforços para se enumerar, com exatidão, "os critérios ou paradigmas aferidores da justiça";

2º – existe uma interdependência entre democracia, justiça e experiência;

3º – "a idéia universal de justiça é um ideal sempre procurado e jamais atingido" (Nova fase do Direito moderno, 2ª ed., Saraiva, 1998, ps. 37 e segs.).

Vê-se, sem maiores dificuldades, que, dado o caráter sempre indeterminado da idéia de justiça, a qual varia no tempo e no espaço e de pessoa para pessoa, o uso da rescisória se revela como exceção.

Por outro lado, advirta-se, na esteira da jurisprudência dominante, que "inviável, assim, a rescisória quando intenta a parte, unicamente, rediscutir a justiça da decisão traduzindo-se em mera insatisfação com o deslinde da questão, objetivando transformar a ação rescisória em mero meio recursal, com prazo dilatado de 2 (dois) anos" (STJ, AR nº 2.280, DJ de 10.09.2007), defluindo, como corolário, a impossibilidade do reexame de matéria fático -probatória (STJ, REsp. nº 147.796, DJ de 28.06.99), por não se cuidar a rescisória de uma apelação da apelação (STJ, AR nº 2.454, DJ de 03.11.2004).

Fixadas tais premissas, de caráter meramente introdutório, ver-se-á, nos próximos capítulos que, em nenhum momento, esta reflexão se distancia de sua finalidade precípua que é a de traduzir, sem maiores divagações, a etiologia da ação rescisória no seu devenir realista e pragmático.

2. CONCEITO

As decisões judiciais são passíveis de desconstituição através de recursos, se ainda não transitadas em julgado, ou pelas ações de impugnação, como a rescisória, quando há coisa julgada, ou ação anulatória – art. 486/CPC – (STJ, REsp. nº 23.182) e, excepcionalmente, por mandado de segurança.

A rescisória é uma ação que visa a desconstituir a coisa julgada material, o que pressupõe tenha ocorrido litigiosidade à qual se pôs fim com apreciação do seu mérito (RSTJ 26/248, 82/154, 120/335).

A coisa julgada preserva a segurança das relações jurídicas, enquanto a rescisória visa a obter justiça (RSTJ 17/426). Esta constitui, assim, exceção, e aquela, regra (art. 5º, XXXVI/CF) (RSTJ 6/64 e 26/544).

Com inteira pertinência, ensina, dentre outros, a profª Ada Pellegrini Grinover, em sua obra Direito Processual Civil (José Bushatsky, 1974, ps. 151-2):

> "Encontra-se, constantemente, no Direito a oposição entre dois valores primordiais: justiça e certeza. As injustiças que determinado mecanismo de realização do Direito possa acarretar constituem, em geral, o preço que se paga pela segurança.

> Nas modernas organizações estatais o processo, embora se orientando como sempre por objetivos de paz social, procura atender o mais possível à exigência de justiça. Seguro indício dessa tendência é o estabelecimento do duplo grau de jurisdição.
>
> Apesar disso, pode acontecer que a decisão final venha a consagrar a injustiça, por vários motivos. Mesmo nesse caso, em regra, no interesse da certeza e da segurança do Direito, a coisa julgada torna-se inatacável e prevalece a injustiça.
>
> Há casos, porém, em que a veemência dos vícios da sentença vem realmente abalar as razões em que se fundamenta a imutabilidade dos julgados, fazendo com que, sempre no interesse público, a exigência de justiça prevaleça sobre a de segurança. Previu nosso ordenamento, para esses casos, o remédio específico da ação rescisória, pelo qual, instaurando-se nova relação jurídica processual, pode ser desconstituída a sentença. Rescisória é, pois, a ação pela qual se visa rescindir a sentença transitada em julgado."

A rescisória não se confunde com recurso, não obstante tenha como denominador comum, num primeiro plano, o reexame de uma decisão, uma vez que aquele pressupõe a inocorrência de coisa julgada (RSTJ 104/232 e 118/171).

Não sendo recurso (STF – AR n° 1.063-PR), é defeso, como regra, rediscutir fatos e provas controvertidos dos autos originários, ou seu critério de avaliação (RSTJ 19/94 e 58/17), logo, não se presta à correção de eventual má interpretação de prova (RSTJ 5/17), ou à injustiça da sentença (CPC/39, art. 800, RSTJ 13/19 e RTJ 125/928).

3. PRESSUPOSTOS

Em princípio, quatro são os requisitos básicos para o ajuizamento da referida ação, a saber:

a) decisão judicial de mérito transitada em julgado – art. 485/CPC – (RSTJ 26/428);

b) não decurso do prazo decadencial de dois anos – art. 495/CPC;

c) enquadramento em uma ou mais das previsões legais -arts. 485 e 1.030/CPC;

d) depósito a que alude o art. 488, II, CPC.

Sobre a necessidade rigorosa de se observarem os pressupostos, em epígrafe, anotou o Supremo Tribunal Federal nos Emb. Decl. AR n° 1.279, DJ de 13.09.2002:

> "a ação rescisória, no ordenamento jurídico brasileiro, enquanto ação autônoma de impugnação, qualifica-se como instrumento destinado a desconstituir a autoridade da coisa julgada, desde que verificada, em cada caso ocorrente, qualquer das hipóteses de rescindibilidade taxativamente previstas em lei (CPC, art. 485)".

4. DECISÃO DE MÉRITO (ART. 485, CPC)

Decisão de mérito – como tal se entende aquela que põe fim ao processo, definindo a lide, especialmente no caso do inc. I, art. 269/CPC (RSTJ 6/55, 105/473, 101/511, 107/930 e 117/461). Compreende sentença, acórdão, ou decisão unipessoal proferida pelo relator, no Tribunal, na hipótese do art. 557/CPC (RSTJ 82/139, 103/279, 75/29 e Súmulas n°s 249 e 515/STF).

> "É competente o Supremo Tribunal Federal para a ação rescisória, quando embora não tendo conhecido do recurso extraordinário, ou havendo negado provimento ao agravo, tiver apreciado a questão federal controvertida." (Súmula n° 249/STF)

Tal verbete reitera, em sua compreensão, a necessidade do exame do mérito, inclusive para a fixação da competência, sendo certo que subsiste a mesma orientação, a partir da CF/88, porém, quanto ao eg. STJ, Corte competente para apreciar a chamada questão federal.

Quanto à hipótese de decisão monocrática de relator, em Tribunal (art. 557), na questão de ordem em Agravo Regimental na AR n° 1.535-0, relator em. Ministro Ilmar Galvão, o eg. STF, por seu Plenário, decidiu:

> "Ementa: Ação rescisória de decisão monocrática que negou seguimento a recurso extraordinário. Questão de ordem.
>
> Havendo-se manifestado a decisão rescindenda, ainda que não conclusivamente, sobre o mérito da questão posta no extraordinário, e tendo em vista a necessidade de afastar-se a dúvida suscitada, impõe-se a apreciação, pelo Plenário do STF, da questão relativa ao pressuposto de cabimento da ação rescisória.
>
> Questão de ordem que se resolve no sentido de processar-se a ação."

Neste passo cabe remarcar-se que, portanto, nesta inviável ação rescisória de acórdão, que apreciou questão processual, o designado acórdão interlocutório (STJ, REsp. n° 744.271, DJ de 19.06.2006; STJ, AR n° 2.991, DJ de 07.05.2007; STJ, AgRg AR n° 3.329, DJ de 02.05.2005; STJ, AR n° 2.896, DJ de 02.04.2007), porquanto não preenchido o requisito legal do exame do mérito.

Ainda, sinale-se que, não obstante em algumas hipóteses a decisão rescindenda venha rotulada de terminativa (art. 267 do CPC), em realidade, ao se examiná-la concluiu-se pelo exame da questão de fundo, o que autoriza o trânsito da rescisória (STJ, REsp. n° 666.637, DJ de 26.06.2006).

Outro aspecto a ser sublinhado concerne à decisão rescindenda que possua diversos capítulos, sendo possível a rescisória de um deles autonomamente, salvo se houver litisconsórcio necessário (STJ, AgRg AR n° 1.699, DJ de 09.09.2005).

O art. 269, do CPC, prevê as hipóteses em que se extingue o processo com julgamento de mérito. A rigor, o seu inc. I contém caso típico de definição do mérito, propriamente, que consiste no acolhimento ou rejeição do pedido.

Os demais incisos constituem hipóteses em que a lei, por equiparação, considera a decisão como sendo, igualmente, de mérito, com a finalidade de revestir as respectivas decisões da qualidade de coisa julgada material, impedindo a reabertura do tema, visando a obter estabilidade das relações jurídicas também em tais casos.

Destaque-se que o inc. II não oferece particularidade alguma a ser observada no campo da rescisória, pois ao reconhecimento, pelo réu, da procedência, segue-se a prolação da sentença, definindo a lide quanto a seu mérito, propriamente.

Quanto ao inc. III, a matéria será abordada quando da análise da ação anulatória – art. 486.

O inc. IV – "...quando o juiz pronunciar a decadência ou a prescrição" – sugere alguns comentários:

a) A decadência pode ser examinada sob duplo prisma -processual e material.

Em outros termos, ora atinge apenas uma certa via processual, obstando-se somente esta, admitindo-se, no entanto, o uso de outros meios processuais para tutelar determinado direito subjetivo. Para melhor compreensão, imagine-se a pronúncia judicial de decadência, prevista no art. 18 da Lei n° 1.533/51 – 120 dias da prática do ato impetrado; em tal caso, ao interessado, ainda restarão as vias ordinárias para discutir a causa, sendo, portanto, uma decadência instrumental, o que, em tese, até mesmo por falta de interesse processual, não recomendaria o ajuizamento da rescisória, ante outra opção.

Diversamente, na renovatória (§ 5°, art. 51, da Lei n° 8.245/91), uma vez reconhecida a decadência do Direito, à parte não remanescerá outra alternativa processual, o que justificará, plenamente, se for o caso, o ajuizamento da rescisória tendente a desconstituir a respectiva decisão, que reconheceu, no caso, decadência material.

O mesmo ocorre com a decadência extintiva do crédito tributário – CTN, 156, V –, cujo conteúdo é, igualmente, material;

b) Quanto à prescrição, não se aplica a referida distinção, porquanto ora a mesma atingirá a pretensão (= exigibilidade), ora o próprio Direito subjetivo, compreendendo, ambas as figuras, questões de Direito material. Conseqüentemente, reconhecida a prescrição, sob qualquer ângulo, a respectiva decisão será suscetível de desconstituição, por rescisória, se presentes seus requisitos.

Quanto à norma do item V, será examinada, oportunamente, quando da apreciação do inc. VIII, do art. 485, no tópico relativo à desistência.

A contrario sensu, cumpre assinalar que são insuscetíveis de rescisória as decisões inexistentes e as nulas de pleno direito, não obstante tenham ferido o mérito. Tal ocorre porque as mesmas não estão acobertadas pela coisa julgada e, portanto, não são rescindíveis.

A primeira – inexistente – pode se configurar, por exemplo, na hipótese de sentença não publicada, seja por não haver sido entregue ao escrivão (arts. 389/CPP c/c 463/CPC), seja por não ter sido subscrita pelo órgão julgador.

A segunda – nula –, por estar inquinada de vício insanável, como, por exemplo, ausência de citação, ou a não-formação de litisconsórcio necessário (RSTJ 8/231).

Poderão, naturalmente, ser invalidadas através de ação própria (art. 4º do CPC); de ofício; incidentalmente, em qualquer procedimento ou, excepcionalmente, até mesmo por meio de ação rescisória, considerando que sobre o princípio da forma deve sobrepor-se o da efetividade processual. Assim, se a parte, inadvertidamente, se vale da rescisória, poderá o tribunal lhe dar trânsito, em hipótese que, a rigor, não a justificaria, apreciando a questão, dando utilidade ao procedimento, ainda que não julgue, propriamente, a ação.

Em tal sentido, acórdão no REsp. nº 7.556-RO, relator em. Ministro Eduardo Ribeiro (RSTJ 25/439), com a seguinte:

> "Ementa: Ação rescisória – Nulidade da citação.
>
> Nula a citação, não se constitui a relação processual e a sentença não transita em julgado, podendo, a qualquer tempo, ser declarada nula, em ação com esse objetivo, ou em embargos à execução, se o caso (CPC, art. 741,I).
>
> Intentada a rescisória, não será possível julgá-la procedente, por não ser o caso de rescisão. Deverá ser, não obstante, declarada a nulidade do processo a partir do momento em que se verificou o vício."

Em decorrência, subsiste no ordenamento jurídico pátrio o instituto da querella nullitatis insanabilis traduzido naqueles vícios que afetam profundamente a relação jurídico-processual, de molde a impedir a sua constituição, bem como o trânsito em julgado da decisão lá proferida, autorizando o interessado, a qualquer tempo, a postular a declaração dos mesmos (RSTJ 26/433, 96/318, RTJ 104/826, 107/778 e 110/210).

Neste diapasão, veja-se o RE n° 97.589-SC, decisão unânime do Plenário, do eg. STF, relator em. Ministro Moreira Alves (RTJ 107/778), acórdão assim ementado:

> "Ação declaratória de nulidade de sentença por ser nula a citação do réu revel na ação em que ela foi proferida.
>
> 1. Para a hipótese prevista no art. 741, I, do atual CPC – que é a da falta ou nulidade de citação, havendo revelia persiste, no Direito Positivo brasileiro – a querella nullitatis, o que implica dizer que a nulidade da sentença, nesse caso, pode ser declarada em ação declaratória de nulidade, independentemente do prazo para a propositura da ação rescisória, que, em rigor, não é a cabível para essa hipótese.
>
> 2. Recurso extraordinário conhecido, negando-se -lhe, porém, provimento."

Colhe-se do voto condutor o seguinte e expressivo tópico (fls. 783):

> "Não se trata – é bem de ver – de exceção à ação rescisória, mas, sim, de hipótese para a qual não é exigível ação dessa natureza por não se tratar de vício dependente de rescisão, mas de vício de nulidade absoluta, e, portanto, insanável. Por isso mesmo é que essa nulidade absoluta e, conseqüentemente, insanável é atacável, expressamente, por meio de embargos à execução, independentemente da observância do prazo de decadência da rescisória.
>
> Aliás, não fora assim, ter-se-ia o absurdo de se verem sanados vícios insanáveis – assim, a falta de citação que acarreta, inclusive, o não-surgimento da relação jurídica processual com referência à parte não citada – bastando, para isso, que o autor, fraudulentamente, não cite alguém, ou o cite invalidamente por edital, correndo a ação à revelia, e, depois de transitada em julgado a sentença, espere fluir o prazo para a propositura da ação rescisória, e, só então, lhe dê execução. Teria sentido que o réu, no momento em que viesse a saber da existência da sentença contrária a ele, não pudesse alegar a falta ou a nulidade da citação? É evidente que não. Daí, o próprio Código de Processo Civil, em seu art. 741, I, permitir que se aleguem tais vícios – restringindo-os, por isso mesmo, ao caso de revelia – em embargos à execução, ainda que esta só se tenha iniciado após dois anos do trânsito em julgado da sentença. E, obviamente, é possível, também, se a citação não se der sequer para a execução, ou se se

tratar de sentença que independe de execução, que o réu revel, não citado ou citado invalidamente, lance mão de ação declaratória de nulidade absoluta e insanável da sentença."

4.1. **Faremos alguns comentários sobre o mesmo pressuposto – decisão de mérito – à luz do NCPC, cuja vigência subordinou-se ao prazo inscrito em seu art. 1.045.**

O art. 966 prescreve: "A decisão de mérito, transitada em julgado, pode ser rescindida quando...". A seguir estão elencadas as hipóteses que justificam, em tese, a rescindibilidade, as quais serão abordadas oportunamente.

O seu art. 487 enumera as hipóteses em que "haverá resolução de mérito", quando o juiz:

> **I. Acolher ou rejeitar o pedido formulado na *ação ou na reconvenção*;**
>
> **II. Decidir, *de ofício ou a requerimento*, sobre a ocorrência de decadência ou prescrição;**
>
> **III. Homologar:**
>
> **a) O reconhecimento da procedência do pedido formulado na ação *ou na reconvenção;***
>
> **b) A transação;**
>
> **c) A renúncia à pretensão formulada na ação *ou na reconvenção*;**
>
> **Parágrafo único: ressalvada a hipótese do § 1° do art. 332, a prescrição e a decadência não serão reconhecidas sem que antes seja dada às partes oportunidade de manifestar-se.**

Logo, sempre que o pronunciamento judicial (art. 203) fundamentar-se em um ou mais dos incisos do art. 487, o mesmo será, em tese, passível de rescisória, pois terá resolvido o mérito da lide, desde que atendidos os demais requisitos desta específica ação. Diversamente, caso tal pronunciamento ancore-se no art. 485, por não ferir o mérito, não haverá espaço, como regra, para o eventual ajuizamento da mesma ação.

Observe-se que o § 2°, do art. 966, *inovou*, ao prescrever:

> **Nas hipóteses previstas nos incisos do *caput* será rescindível a decisão transitada em julgado que, embora não seja de mérito, impeça:**
>
> **I. nova propositura da demanda; ou**
>
> **II. admissibilidade do recurso correspondente.**

É exceção, pois não se trata de resolução do mérito; todavia, os óbices à propositura de nova ação ou da admissão de recurso, levaram o legislador a mitigar a regra geral do *caput* para admitir o ajuizamento da

rescisória em hipóteses tais. Tal será possível ocorrer, por exemplo, quanto à previsão contida no art. 486, § 3°, símile do art. 268, parágrafo único, do CPC/73, que veda a propositura de nova ação quando o autor der causa à extinção do processo por três vezes, por seu abandono. É a chamada perempção da instância. Em tese, a última das três sentenças poderá ser alvo de rescisória desde que a mesma tenha, ainda, transitado em julgado, incidindo, portanto, as exceções dos incisos I e II, § 2°, do art. 966.

5. EXIGÊNCIA DO TRÂNSITO EM JULGADO

Exige-se o trânsito em julgado (na acepção do art. 467/ CPC, e art. 6º, da LICC), não sendo necessária a exaustão das vias recursais pelo interessado (Súmula n° 514/STF e RTJ 47/ 70, RF 131/99 e REsp. n° 158/759).

> "Admite-se ação rescisória contra sentença transitada em julgado, ainda que contra ela não se tenham esgotado todos os recursos." (Súmula n° 514/STF)

O Superior Tribunal de Justiça vem decidindo que o trânsito em julgado é único, e não diverso para cada parte (STJ, REsp. n° 639.233, DJ de 14. 09.2006), o que significa que, se houver prazo ampliado, só após se dará o respectivo trânsito em julgado (STJ, REsp. n° 551.812, DJ de 10.05.2004), afastada a hipótese de coisa julgada material progressiva (STJ, REsp. n° 705.354, DJ de 09.05.2005).

5.1. **Exige-se, igualmente, o requisito do trânsito em julgado, basicamente nos termos do art. 502, do NCPC, que prescreve: "Denomina-se coisa julgada material a autoridade que torna imutável e indiscutível a decisão de mérito não mais sujeita a recurso. "**

O art. 6°, da antiga LICC, atualmente LINDB (Lei nº 12.376, de 30/12/2010), também dispõe a respeito.

Há casos, todavia, em que a decisão embora não sendo de mérito, é passível de rescisória, conforme § 2º, incisos I e II, do art. 966 já comentado. Tal, no entanto, configura exceção.

6. DECADÊNCIA DO PRAZO PARA INTERPOSIÇÃO (ART. 495, CPC)

O art. 495, CPC, diz:

> "O direito de propor ação rescisória se extingue em 2 (dois) anos, contados do trânsito em julgado da decisão."

Antes de mais nada, impõe-se definir o termo inicial do biênio.

A regra é que o seu início ocorre com o trânsito em julgado da última decisão, proferida nos autos, incluindo-se a remessa necessária (art. 475/CPC).

Em tal direção, dentre outros, ED na AR n° 908/SP (DJU de 04.12.2000), 3ª Seção, STJ, unânime, relator em. Ministro José Arnaldo da Fonseca, com a seguinte:

> "Ementa: Embargos de declaração. Ação rescisória. Prazo para a sua propositura. O prazo para se propor ação rescisória tem início no dia do trânsito em julgado da ação rescindenda, que se verifica com o término do prazo para interposição do último recurso, em tese, pela parte. Precedentes.
>
> Embargos rejeitados."

Caso o recurso eventualmente interposto contra a decisão seja intempestivo, determinando o seu não-recebimento ou não-conhecimento, o termo inicial retroagirá à data em que ocorreu a preclusão máxima (§ 3º, art. 6º, da LICC c/c art. 467, do CPC) – (RSTJ 28/313, 17/41, 4/1.554, 89/243, 113/419, 119/82).

Vejam-se os seguintes acórdãos:

> "Ementa: Processual civil. Recurso especial. Ação rescisória. Prazo decadencial. Termo *a quo*. Trânsito em Julgado. Pena de deserção.
>
> O prazo decadencial de dois anos para a proposição da ação rescisória tem início na data do trânsito em julgado do acórdão, mesmo que este se limite a proclamar deserto o recurso de apelação, por falta de preparo.
>
> Somente contar-se-ia o prazo em tela a partir do 15° dia da publicação da sentença de primeiro grau na hipótese de ser o recurso interposto fora do prazo.
>
> Precedentes deste Superior Tribunal.
>
> Recurso especial conhecido." (RSTJ 113/419)
>
> "Ementa: Processual civil. Recurso especial. Decadência. Início da fluência do prazo (CPC, art. 495). Inépcia da inicial. Inexistência. Súmula n° 343-STF. Inaplicação. Ausência de prequestionamento. Improvimento dos recursos.
>
> De acordo com a lei de ritos (art. 495), o direito de propor ação rescisória se extingue em dois (2) anos e este prazo só começa a correr da data do trânsito em julgado da decisão rescindenda. A interposição de recurso previsto na legislação, ainda que despido de efeito suspensivo, afasta o dies a quo da decadência, salvante a hipótese de ser utilizado extemporaneamente.
>
> A Súmula n° 343, do STF, impeditiva da procedência da ação rescisória, só tem aplicação quando a causa de pedir (na rescisória) é a ofensa literal a texto legal de interpretação controvertida nos tribunais, não alcançando, todavia, preceito constitucional.

> É desinfluente no julgamento da rescisória a juntada, com a inicial, do acórdão que decidiu o incidente de inconstitucionalidade de lei, documento só exigível na apreciação do extraordinário.
>
> No âmbito do especial, só se examinam questões jurídicas discutidas e decididas nas instâncias ordinárias. Até mesmo os defeitos intrínsecos do julgado carecem do pronunciamento do tribunal a quo, pela via dos embargos declaratórios, sob pena de supressão de instância (e não-conhecimento do especial).
>
> Recursos improvidos. Decisão unânime." (RSTJ 119/81-2)

Quando o tribunal não conhece do recurso, todavia, por pressuposto diverso de sua intempestividade ou absoluta falta de previsão legal (STF, *v.*g. AR n° 1.472, DJ de 07.12.2007), o início do prazo para a contagem do biênio para se ajuizar rescisória será a data em que passar em julgado essa decisão, conforme se extrai, inclusive, da Súmula n° 249/STF, na frase em itálico:

> "É competente o Supremo Tribunal Federal para a ação rescisória, quando embora não tenha conhecido do recurso extraordinário, ou havendo negado provimento ao agravo, tiver apreciado a questão federal controvertida."

Vide, igualmente, RSTJ 89/243, cujo acórdão contém a seguinte:

> "Ementa: Ação rescisória. Prazo. Início.
>
> Ainda que não conhecido o recurso, salvo se por intempestividade, ou por absoluta falta de previsão legal, o prazo para a rescisória se inicia a partir do momento em que preclusa a decisão a propósito dele proferida." (Rel. em. Ministro Eduardo Ribeiro)

Na contagem do prazo devem ser observadas as regras do art. 184 e parágrafos, do CPC.

Pode ocorrer decadência intercorrente, quando, embora ajuizada oportunamente a ação, o processo fica parado por falta de iniciativa da parte, como, por exemplo, não-pagamento de custas no prazo, não-recolhimento do depósito a que se refere o art. 488, não-emenda da inicial determinada pelo relator etc., conforme se extrai, aliás, em sua compreensão, da Súmula n° 264, STF (RSTJ 39/17, 104/184), com a necessária adaptação:

> "Verifica-se a prescrição intercorrente pela paralisação da ação rescisória por mais de cinco anos."

Significativamente, veja-se acórdão da lavra do em. Ministro Adhemar Maciel, em RSTJ 104/183, 2ª Turma, unânime, com a seguinte:

> "Ementa: Processual civil. Ação rescisória. Decadência. Início da contagem do biênio. Demora na concretização da citação, apesar dos esforços do autor em busca da realização do ato citatório. Requerimento de prorrogação do prazo: desnecessidade. Prescrição intercorrente: inexistência. Inteligência dos arts. 219, 220, 485, V e 495 do CPC. Precedentes do STF e do STJ. Recurso não conhecido.
>
> I- O biênio para a propositura de ação rescisória corre da passagem in albis do prazo para recorrer da decisão proferida no último recurso interposto no processo, ainda que dele não se tenha conhecido. Isso porque a interposição de recurso, mesmo que posteriormente o juízo de admissibilidade seja negativo, obsta que a última decisão de mérito proferida no processo seja acobertada pelo manto da coisa julgada material. Inteligência do art. 495 do CPC. Precedentes do STF e do STJ: RE n° 87.420/PR, REsp n° 2.447/RS, REsp n° 18.691/RJ, REsp n° 21.751/CE, REsp n° 29.572/RJ e REsp n° 34.014/RJ.
>
> II- Proposta a ação rescisória dentro do biênio legal, e tendo o autor diligenciado em busca da citação do réu, a eventual demora na realização do ato citatório não prejudica o autor, ainda que ele não tenha formulado expressamente o requerimento previsto na parte final do 'antigo' § 3º do art. 219 do CPC. Inteligência dos arts. 219 e 220 do CPC. Aplicação da orientação consubstanciada nos Enunciados n°s 5, 78 e 106 das Súmulas do TARS, do extinto TFR e do STJ, respectivamente. Precedentes do STF e do STJ: AR n° 883/DF, ERE n° 65.125/GB, RE n° 62.553/SP RE n° 91.412/GO, REsp n° 12.229/SP e REsp n° 52.744/SP.
>
> III- Não há que se falar em prescrição intercorrente, se a paralisação da ação rescisória por mais de dois anos no tribunal estadual não se deu por culpa do autor, mas, sim, em virtude da complexidade da causa, combinada com a pletora de processos que assoberbam o Poder Judiciário. Precedente do STJ: AR n° 7/RJ.
>
> IV- O vocábulo 'lei' inserto no inc. V do art. 485 do CPC deve ser interpretado em sentido amplo, abrangendo os decretos federais, as leis estaduais e as leis municipais.
>
> V- Recurso especial não conhecido."

A demora decorrente da inércia do Judiciário, todavia, não prejudicará a parte, conforme Súmulas nºs 78/TFR e 106/STJ (RSTJ 52/64, 39/17), a saber:

> "Proposta a ação no prazo fixado para o seu exercício, a demora na citação, por motivos inerentes ao mecanismo da Justiça, não justifica o acolhimento da argüição de prescrição." (Súmula n° 78/TFR)

> "Proposta a ação no prazo fixado para o seu exercício, a demora na citação, por motivos inerentes ao mecanismo da Justiça, não justifica o acolhimento da argüição de prescrição ou decadência." (Súmula n° 106/STJ)

Ocorrendo justa causa ou obstáculo judicial – art. 183/ CPC –, pode ser restituído o prazo para o ajuizamento da ação (RSTJ 47/102).

É possível, excepcionalmente, prorrogar-se o prazo do art. 495, tendo em vista a regra do art. 220, que atrai a incidência do § 1º, do art. 184, todos do CPC, não obstante aquele ser decadencial. A propósito, vide RTJ 108/1085, RT 702/196, REsp. nº 57.367-0/MG (apud nota 8, art. 184, *CPC*, prof. Theotonio Negrão, 30ª ed., Saraiva).

Necessário, portanto, que a ação seja distribuída tempestivamente e sejam observados os prazos para a respectiva citação ou citações (STJ, REsp. n° 443.069, DJ de 06.06.2005), sob pena de ocorrência do fenômeno decadencial (STJ, AR n° 1.370, DJ de 17.02.2005).

Após ultrapassado o prazo decadencial, na dicção do Superior Tribunal de Justiça, "é vedada a regularização da ação rescisória em que falta a citação do litisconsorte passivo necessário" (STJ, REsp. n° 115.075, DJ de 23.05.2005).

O julgamento da ação rescisória, sem observância do prazo bienal, ensejaria violação à coisa julgada (STJ, AgRg RE nº 444.810, DJ de 22.04.2005), além de maus-tratos ao art. 495, do CPC.

A aferição, por sua vez, do trânsito em julgado, como regra, se faz através de certidão (STJ, AgRg REsp. n° 600.186, DJ de 21.03.2005), salvo se for possível inferir, de forma clara e segura, dos dados oferecidos quando o mesmo ocorreu (STJ, REsp. nº 704.915, DJ de 17.10.2005).

A propositura de ação rescisória, perante Tribunal incompetente, não tem o condão de suspender, nem interromper, o prazo bienal (STJ, AgRg AR n° 3.115, DJ de 14.03.2005), não sendo hipótese de declinar-se da competência, e sim proferir-se decisão terminativa (STJ, AR n° 549, DJ de 14.06.2006).

Decorridos mais de dois anos do prazo decadencial, sem o ajuizamento da rescisória, ter-se-á o fenômeno conhecido como coisa soberanamente julgada, insuscetível, em princípio, de reexame judicial, tendo em vista, inclusive, a regra do art. 5°, XXXVI/CF.

6.1. Na linha da jurisprudência mencionada em edições anteriores, o e. STJ houve por bem em condensá-la na Súmula 401, aprovada por sua Corte Especial em 07/10/2009, assim redigida:

"O prazo decadencial da ação rescisória só se inicia quando não for cabível qualquer recurso do último pronunciamento judicial".

Recentemente (em 05/08/2015), ao julgar os Embargos de Divergência no REsp 1.352.730-AM, a Corte Especial do STJ, em acórdão do qual foi Relator o em. Ministro RAUL ARAÚJO, ainda acresceu que a "extemporaneidade do recurso não obsta a aplicação da Súmula 401... salvo na hipótese de má-fé do recorrente", conforme a seguinte ementa:

"EMBARGOS DE DIVERGÊNCIA EM RECURSO ESPECIAL. PROCESSUAL CIVIL. AÇÃO RESCISÓRIA. PRAZO BIENAL. TERMO INICIAL. SÚMULA 401 DO STJ. JULGAMENTO DO ÚLTIMO RECURSO, AINDA QUE INTEMPESTIVO, RESSALVADA A HIPÓTESE DE MÁ-FÉ DO RECORRENTE. INTELIGÊNCIA DO ART. 495 DO CPC, À LUZ DOS PRINCÍPIOS DA SEGURANÇA JURÍDICA, BOA-FÉ, ECONOMIA PROCESSUAL E DEVIDO PROCESSO LEGAL. 1. O processo é instrumento de solução de litígios, que deve garantir às partes um desenrolar tranquilo de sua cadeia de atos. A surpresa e a instabilidade não agregam à pacificação social. 2. Estabelecer que o prazo para a ação rescisória teria início antes do último pronunciamento judicial sobre a admissibilidade do recurso interposto geraria situação de inegável instabilidade no desenrolar processual, exigindo da parte o ajuizamento de ação rescisória "condicional", fundada na eventualidade de uma coisa julgada cuja efetiva ocorrência ainda não estaria definida. 3. O ajuizamento de ação rescisória antes mesmo de finda a discussão sobre a tempestividade de recurso interposto atenta contra a economia processual. 4. A extemporaneidade do recurso não obsta a aplicação da Súmula 401 do STJ (O prazo decadencial da ação rescisória só se inicia quando não for cabível qualquer recurso do último pronunciamento judicial.), salvo na hipótese de má-fé do recorrente. 5. Embargos de divergência providos." (STJ, Relator: Ministro RAUL ARAÚJO, Data de Julgamento: 05/08/2015, CORTE ESPECIAL).

A matéria, no entanto, ascendeu, bem antes do precedente acima, ao e. STF, através do RE 666.589/DF, onde foi dirimida diversamente, por sua primeira turma, em acórdão relatado pelo em. Ministro MARCO AURÉLIO, por três votos, pois dois Ministros não votaram, assim ementado:

"COISA JULGADA ENVERGADURA. A coisa julgada possui envergadura constitucional. COISA JULGADA. PRONUNCIAMENTO JUDICIAL. CAPÍTULOS AUTÔNOMOS. Os capítulos autônomos do pronunciamento judicial precluem no que não atacados por meio de recurso, surgindo, ante o fenômeno, o termo inicial do

biênio decadencial para a propositura da rescisória. ". (STF. Relator: Min. MARCO AURÉLIO, Data de Julgamento: 25/03/2014, Primeira Turma)

Em seu voto, S. Ex.ª, além de substanciosa doutrina, trouxe a lume precedentes da mesma Excelsa Corte (o mais recente, resultante do julgamento da AP 470, apelidada de "mensalão"), reiterando e embasando, mais ainda, a tese no sentido da juridicidade da formação de *coisas julgadas por capítulos, ou fatiadas*, nos mesmos autos, quando for o caso, iniciando-se o biênio legal para postular a(s) respectiva(s) rescisão(ões) a partir do trânsito em julgado de cada *decisum,* em oposição, portanto, à tese consagrada pela Súmula 401/STJ, mas em harmonia, por outro lado, com o inciso II, do Verbete nº 100, da Súmula do e. TST que diz:

> **"II – Havendo recurso parcial no processo principal, o trânsito em julgado dá-se em momentos e em tribunais diferentes, contando-se o prazo decadencial para a ação rescisória do trânsito em julgado de cada decisão, salvo se o recurso tratar de preliminar ou prejudicial que possa tornar insubsistente a decisão recorrida, hipótese em que flui a decadência a partir do trânsito em julgado da decisão que julgar o recurso parcial. (ex-Súmula 100 – alterada pela Res. 109/2001, DJ 20.04.2001)"**

Cotejando-se os artigos 495 e 975, do CPC/73 e do NCPC, verifica-se que há inovação. Com efeito, prescrevem, respectivamente:

> **Art. 495. O direito de propor ação rescisória se extingue em dois anos, contados do trânsito em julgado da sentença.**
>
> **Art. 975. O direito à rescisão se extingue em 2 (dois) anos contados do trânsito em julgado da última decisão proferida no processo.**
>
> **§ 1º Prorroga-se até o primeiro dia útil imediatamente subsequente o prazo a que se refere o caput, quando expirar durante férias forenses, recesso, feriados ou em dia em que não houver expediente forense.**
>
> **§ 2º Se fundada a ação no inciso VII do art. 966, o termo inicial do prazo será a data de descoberta da prova nova, observado o prazo máximo de 5 (cinco) anos, contado do trânsito em julgado da última decisão proferida no processo.**
>
> **§ 3º Nas hipóteses de simulação ou de colusão das partes, o prazo começa a contar, para o terceiro prejudicado e para o Ministério Público, que não interveio no processo, a partir do momento em que têm ciência da simulação ou da colusão.**

A principal novidade radica-se na expressão..."da última decisão proferida no processo", o que, provavelmente, reativará a controvérsia

em torno das decisões por capítulos nos mesmos autos, a determinar, cada qual de *per si*, ou não, o termo inicial do biênio ou se se aguardará, para tanto, o trânsito em julgado da última.

A redação do art. 975 leva à compreensão segundo a qual, nos mesmos autos poderá ocorrer decisões de mérito, fatiadas, ou por capítulos, acobertadas pela preclusão, incidindo, contudo, o prazo decadencial para a rescisória só após a..."última decisão proferida no processo", pois tal pressupõe, logicamente, decisão(ões) anterior(es), o que estaria em consonância com a Súmula 401/STJ.

Prenuncia-se, portanto, o prolongamento da controvérsia, no ponto em apreço, ante a superveniente regra inscrita no art. 975, do NCPC.

Pensamos, no entanto, que a tese encampada pelos egs. STF e TST, no sentido da existência de decadência, quando ocorrem decisões por capítulos, acobertadas pela preclusão máxima, o prazo para buscar sua eventual rescisão deve ter o seu termo inicial a partir do trânsito em julgado de cada *decisum*, não obstante o advento do art. 975 e Súmula 401/STJ.

Tal pensamento apoia-se, basilarmente, nos princípios da razoabilidade, da proporcionalidade, da segurança jurídica, dentre outros. Não se afigura razoável que uma decisão de mérito, preclusa, transitada em julgado, permaneça aguardando, anos a fio, para ser alvo de rescisória no biênio, por controverter-se, ainda, nos mesmos autos, sobre questões outras, como, por exemplo, numa reparação de danos, transitou em julgado a condenação em danos materiais, emergentes, no entanto, prossegue a discussão quanto a lucros cessantes, ou à reparação a título de danos morais ou estéticos – Súmulas 37 e 387/STJ – ou de honorários ou juros etc. para, só a final, após a última decisão, que não raro demora anos e anos, iniciar-se o biênio decadencial de capítulo de há muito já decidido, preclusivamente. Resta claro que tal protrai no tempo a estabilização daquela parcela ou capítulo já decidido, muitas vezes o mais expressivo no âmbito do processo, interferindo em sua definitiva estabilização, obstando-se, assim, a geração da respectiva segurança jurídica, princípio fundamental na pacificação e tranquilidade das relações jurídico-sociais. Ademais, seria desproporcional procrastinar-se a formação da coisa julgada e o respectivo pleito à sua rescisão, porque controverte-se, ainda nos mesmos autos, sobre questões menos relevantes, sob os ângulos material e jurídico.

Lembre-se, ainda, que o capítulo que transitar em julgado poderá ser objeto de execução definitiva – CPC/73, art. 475-I, § 1º; NCPC, 523 e segs. –, mesmo prosseguindo a demanda relativamente a outro ou

outros capítulos, aspecto igualmente relevante pois, se se consumar a execução, anos após, o exequente poderá vir a responder a uma rescisória, quando, de há muito já ultrapassado o respectivo biênio, o que denota a instabilidade jurídica criada, com a aplicação literal do art. 975, em foco.

A interpretação de tal dispositivo, conforme a CF, tendo em vista os incisos XXXV e o LXXVIII, do art. 5°, poderá solucionar a dúvida e preservar exegese que melhor atenda aos fins sociais da norma, bem como à razoabilidade na duração do processo. Imbricam-se, na espécie, a garantia constitucional da coisa julgada e as normas legais que disciplinam a ação rescisória e a própria *res judicata,* o que gera campo para a diversidade de interpretações: uma, do STJ, outra, do STF, ambas muito bem embasadas, sendo certo, no entanto, com a devida *venia*, que a efetividade do processo, além de outros princípios mencionados, sugerem, em tese, a prevalência do reconhecimento da coisa soberanamente julgada, por capítulos, iniciando o biênio para sua eventual desconstituição a partir do respectivo trânsito em julgado. É certo que a coisa julgada fatiada pode gerar situações em que, decisões de mérito originárias de uma mesma ação, por capítulos, pode ensejar rescisórias em tribunais diferentes, porque as respectivas decisões o foram por Juízos ou Cortes distintas, ou seja, hipoteticamente, um capítulo transitou em julgado na instância ordinária; logo, a eventual rescisória deverá ser aforada perante o respectivo Tribunal ordinário; o outro, ou último, o foi na instância transordinária; logo, a imaginária rescisória deverá ser apresentada perante a Corte Superior ou o Supremo Tribunal, conforme a origem do acórdão que se busque desconstituir.

Em seu voto, no referido RE, o Relator pontuou:

> **"Os fundamentos até aqui desenvolvidos revelam, a mais não poder, que o acórdão atacado implicou transgressão ao artigo 5º, inciso XXXVI, da Carta. A rescisória dirige-se contra acórdão do Superior Tribunal confirmando condenação quanto a danos emergentes, cujo trânsito em julgado ocorreu em 8 de fevereiro de 1994. Essa é a data a corresponder ao termo inicial do prazo decadencial, e não aquela, referente à preclusão maior da última decisão – 20 de junho de 1994 –, envolvido especial do recorrente e versados lucros cessantes, matéria que não é objeto da demanda rescisória. Devem ser reconhecidos, sob pena de afronta à garantia constitucional, dois momentos distintos do trânsito em julgado, sendo apenas o primeiro relevante para a formulação do presente pedido rescisório. Tendo sido formalizada a ação em 6 de junho de 1996, evidencia-se a decadência do pleito."**

Também consiste em inovação a regra inscrita no § 8º, do art. 535, do NCPC:

> ***Se a decisão referida no § 5º for proferida após o trânsito em julgado da decisão exequenda, caberá ação rescisória, cujo prazo será contado do trânsito em julgado da decisão proferida pelo Supremo Tribunal Federal.***

Tal norma refere-se, conforme Capítulo V, Título II, Livro I, ao "Cumprimento de Sentença que Reconheça a Exigibilidade de Obrigação de Pagar Quantia Certa pela Fazenda Pública". É, pois, especial, específica, cujo sujeito ativo de eventual ação rescisória, na hipótese, será, necessariamente, algum ente público, genericamente considerado, ou seja, componente de quaisquer das unidades integrantes da federação. Tal ocorrerá se se fizerem presentes, concretamente, os pressupostos inscritos no inciso III c/c § 5º, do art. 535, do mesmo NCPC. A contar do trânsito em julgado da decisão do STF, inicia-se o biênio para eventual ação rescisória. O mesmo ocorre, *mutatis mutandis,* quando se tratar "Do Cumprimento Definitivo de Sentença que Reconhece a Exigibilidade de Obrigação de Pagar Quantia Certa", art. 523 e seguintes, cujo § 15 prevê, também, o cabimento de rescisória, no biênio, a contar do trânsito em julgado do respectivo acórdão do STF. Neste caso, o legitimado ativo será aquele que fora condenado a pagar quantia certa, que não a Fazenda Pública.

7. HIPÓTESES AUTORIZADORAS PARA O AJUIZAMENTO DA AÇÃO

Nos incisos do art. 485/CPC, estão inscritas as hipóteses que autorizam o ajuizamento da rescisória. Tendo em vista, no entanto, que a coisa julgada constitui-se em um pilar do princípio da "segurança das relações jurídicas", tais preceitos devem ser interpretados taxativa e restritivamente, em regra (RSTJ 15/314, 17/305).

É oportuno lembrar que tanto o error in procedendo quanto o *in* iudicando, desde que tenha sido apreciado o mérito, autorizam a rescisória, conforme, dentre outros, o voto do em. ministro Waldemar Zveiter, in RSTJ 13/19, AR nº 241/RJ, onde assere:

> "...Já é consabidamente assente que os errores in procedendo e os errores in iudicando são princípios que autorizam a ação rescisória, sendo esta inadequada para a restauração da injustiça de sentença ou a má interpretação da prova; por isso que residem na paz social e na necessidade da estabilização das relações sociais os motivos pelos quais o legislador positivou as normas concernentes à irretratabilidade das sentenças

judiciais, depois de esgotados os meios processuais postos à disposição das partes para impugná-los. Uma resultante, pois, dessa necessidade humana de paz e segurança é o princípio inserto em nosso ordenamento jurídico consubstanciado no instituto da coisa julgada.

Mas para caracterizá-la mister se faz a ocorrência de três condições, quais sejam, as mesmas partes, a mesma causa de pedir e o mesmo pedido (art. 301, § 2° do CPC)..."

7.1. Art. 966. A *decisão* de mérito, transitada em julgado, pode ser rescindida quando:

I – se verificar que foi *proferida* por força de prevaricação, concussão ou corrupção do juiz;

II – for proferida por juiz impedido ou por juízo absolutamente incompetente;

III – resultar de dolo ou coação da parte vencedora em detrimento da parte vencida ou, ainda, de *simulação* ou colusão entre as partes, a fim de fraudar a lei;

IV – ofender a coisa julgada;

V – violar manifestamente norma jurídica;

VI – for fundada em prova cuja falsidade tenha sido apurada em processo criminal ou venha a ser demonstrada na própria ação rescisória;

VII – obtiver o autor, *posteriormente ao trânsito em julgado, prova nova* cuja existência ignorava ou de que não pôde fazer uso, capaz, por si só, de lhe assegurar pronunciamento favorável;

VIII – for fundada em erro de fato *verificável* do exame dos autos.

§ 1º Há erro de fato quando a *decisão rescindenda* admitir fato inexistente ou quando considerar inexistente fato efetivamente ocorrido, sendo indispensável, em ambos os casos, que o fato não represente *ponto controvertido* sobre o qual o juiz deveria ter se pronunciado.

§ 2º Nas hipóteses previstas nos incisos do caput, será rescindível a decisão transitada em julgado que, embora não seja de mérito, impeça:

I – nova propositura da demanda; ou

II – admissibilidade do recurso correspondente.

§ 3º A ação rescisória pode ter por objeto apenas 1 (um) capítulo da decisão.

> § 4º *Os atos de disposição de direitos, praticados pelas partes ou por outros participantes do processo e homologados pelo juízo, bem como os atos homologatórios praticados no curso da execução, estão sujeitos à anulação, nos termos da lei.*

Neste dispositivo e incisos, estão descritas as hipóteses que embasam, em tese, a rescisória, quando a decisão for de mérito. Previu-se ainda, inovadoramente, no § 2º, a rescisão nos casos contidos em tais incisos, quando a mesma não for de mérito, porém tenha ocorrido a chamada perempção de instância, conforme já comentado no subitem 4.1. Observe-se que o requisito contido no inciso VIII do art. 485, do CPC/73, "houver fundamento para invalidar confissão, desistência ou transação, em que se baseou a sentença", não foi reproduzido pelo NCPC, o que seria, como é, desnecessário, pois caso ocorra um ou mais de tais vícios aplicar-se-á, por exemplo, os incisos III, V ou VI, isolada ou cumulativamente, conforme for o caso, para se postular a rescisão.

Após nossos comentários aos parágrafos anteriores, sobreveio a Lei nº 13.256, de 04/02/2016, que introduziu alterações no texto originário do NCPC. Acrescentou ao art. 966, os §§ 5º e 6º, os quais prescrevem, respectivamente:

> § 5º Cabe ação rescisória, com fundamento no inciso V do caput deste artigo, contra decisão baseada em enunciado de súmula ou acórdão proferido em julgamento de casos repetitivos que não tenha considerado a existência de distinção entre a questão discutida no processo e o padrão decisório que lhe deu fundamento.
>
> § 6º Quando a ação rescisória fundar-se na hipótese do § 5º deste artigo, caberá ao autor, sob pena de inépcia, demonstrar, fundamentadamente, tratar-se de situação particularizada por hipótese fática distinta ou de questão jurídica não examinada, a impor outra solução jurídica. (NR)

O § 5º, tem o nítido propósito de fortalecer a jurisprudência oriunda de julgamentos sob o rito repetitivo, ou aquela já alvo de Súmula. É a valorização dos precedentes judiciais, com o objetivo de reforçar o importante princípio da segurança jurídica e atribuir, tanto quanto possível, o maior grau de previsibilidade dos pronunciamentos jurisdicionais. Trata-se de inovação deveras importante, embora deva ser manejada com o necessário cuidado e desvelo, para não determinar a utilização descabida da pretensão rescisória.

O § 6º, por sua vez, tem o propósito de restringir o alcance do § 5º, ao atribuir ao autor da ação, o ônus de demonstrar, motivadamente, a particularidade da situação de fato ou da questão jurídica, a impor

solução diversa daquela chancelada pela decisão que se busca desconstituir, ao inobservar acórdão ou súmula, existentes, aquele oriundo de julgamento repetitivo.

8. DEPÓSITO

Será analisado no tópico relativo ao procedimento – art. 488.

8.1 O art. 968, I, II, § 1º e 2º, do NCPC, serão comentados no tópico relativo ao procedimento.

9. DA TUTELA DE URGÊNCIA

O extinto Tribunal Federal de Recursos editou o verbete nº 234, de sua súmula, com o seguinte teor: "Não cabe medida cautelar em ação rescisória para obstar os efeitos da coisa julgada, forte no art. 489 do Código de Processo Civil.

O referido verbete vem sendo mitigado, quer pela legislação superveniente (v.g., art. 71, parágrafo único, da Lei n° 8.212/91; art. 15 da MP n° 2.180-35, de 24.08.2001; art. 4°-A da Lei nº 8.437/92), quer pela jurisprudência dos Tribunais Superiores (v.g., STJ, REsp. n° 139.850, DJ de 09.03.98; STF, PET nº 1.347, Inf. STF n° 84, DJ de 04.10.2002; STJ, REsp. nº 127.342, DJ de 22.10.2001, à vista de uma ponderação dos valores em conflito, à luz do designado interesse público primário (STF, RMS n° 22.665, mutatis, DJ de 04.08.2006), presentes os respectivos peculiares à tutela de urgência (STJ, AgRg MC nº 5.930, DJ de 14.04.2003); não se podendo prodigalizar o deferimento, por outro lado, das liminares para suspender a execução do julgado (STJ, AgRg AR n° 3.128, DJ de 05.03.2007), dada a prevalência, em regra, da coisa julgada.

9.1. Art. 969. A propositura da ação rescisória não impede o cumprimento da decisão rescindenda, ressalvada a concessão de tutela provisória.

Este dispositivo corresponde, *mutatis mutandis*, ao art. 469, do CPC/73, na redação a este atribuída pela Lei n° 11.280, de 16/02/2006.

A tutela provisória, no novo diploma processual, está prevista no art. 294 e seguintes, a qual pode fundar-se em urgência ou evidência. A primeira pode ser concedida em caráter antecedente ou incidental, pressupondo a coexistência dos seus requisitos tradicionais – *fumus boni iuris* e *periculum in mora* – já bastante trabalhados pela doutrina e jurisprudência. Constitui, todavia, novidade, a tutela de evidência, art. 311, cujo símile parcial estaria no art. 273, II, § 6º, do CPC/73. O seu deferimento independe..."da demonstração de perigo de dano ou de risco ao resultado útil do processo", uma vez se fazendo presentes,

convincentemente, algum(ns) do(s) requisito(s) descrito(s) nos incisos do art. 311, do NCPC.

É oportuno lembrar, no entanto, que a regra será a exequibilidade da decisão passada em julgado, ante sua eficácia normativa para o caso concreto, haurida diretamente da CF, art. 5º, XXXVI. A coisa julgada, como produto final, definitivo, do poder judicante estatal, deve, como regra, ser valorizada, preservada, em benefício, ainda, do importante e sensível princípio da segurança jurídica, um dos básicos pilares do Estado Democrático de Direito.

A "*eficácia*" da sentença, conforme art. 467, do CPC/73, ou a sua "*autoridade*", na dicção do art. 502, do NCPC, embora relevantes e respeitáveis, não são, todavia, absolutas ante a situação concreta, conforme acentuou, por exemplo, de há muito, o Min. OCTÁVIO GALLOTTI, no AI 216.676-2, DJ de 20/11/1998, o que encontra plena ressonância não só na jurisprudência como, igualmente, na doutrina. Aliás, inexiste direito absoluto, mesmo aqueles que decorrem, diretamente, da própria CF. Havendo colisão de direitos, aplica-se as técnicas de interpretação tendentes a solucionar a espécie, como a ponderação de valores, proporcionalidade ou razoabilidade etc. Logo, ainda que acobertada pela *res judicata,* a decisão, nas hipóteses contempladas na lei processual, pode vir a ser desconstituída, exatamente por não encerrar, no prazo previsto, valor absoluto, intangível, pela mesma ordem jurídica.

Suspender a sua exequibilidade, no entanto, por concessão de tutela provisória, pressupõe muita ponderação, como bem acentuou o Min. HUMBERTO MARTINS, na AR 3210/DF, DJ de 04/06/2007, assim:

> "PROCESSUAL CIVIL E ADMINISTRATIVO – AGRAVO INTERNO – AÇÃO RESCISÓRIA – MANDADO DE SEGURANÇA – ANTECIPAÇÃO DE TUTELA – LICITAÇÃO CONCESSÃO DE SERVIÇO PÚBLICO – TRANSPORTE RODOVIÁRIO – LINHA DE ÔNIBUS – ART. 485, INCISOS VII E IX, CPC – AUSÊNCIA DOS REQUISITOS. 1. Pedido de antecipação de tutela em ação rescisória destinada a desconstituir julgamento proferido em mandado de segurança, em que se discutia a validade de ato administrativo do Ministro de Estado dos Transportes, consistente em licitação de serviço público. 2. Na antecipação de tutela em rescisória, seus requisitos autorizadores assumem contornos de maior especificidade e excepcionalidade, a saber: a) a verossimilhança será tanto mais reconhecível quanto a ação estiver fundada em teses jurídicas de fácil distinção e de notório descompasso com o resultado do julgamento rescindendo; b) o receio de dano assume relevo sobrenormal, pois há em favor da decisão rescindenda uma presunção de legitimidade,

além do que, a suspensão de seus efeitos deverá trazer um resultado útil à parte, assim entendido, sobrestar danos ou padecimentos. Precedentes do STJ e do STF. 3. Na espécie, não estão devidamente configurados os requisitos jurídicos e fáticos para a antecipação de tutela. Especialmente quanto ao periculum in mora, ainda que existisse, a Corte tem assinalado a necessidade de se manter as situações consolidadas, em nome da presunção de legitimidade da decisão rescindenda e de se evitar danos invertidos ao réu, que já obteve tutela favorável transitada em julgado. Agravo regimental improvido. (STJ, Relator: Ministro HUMBERTO MARTINS, Data de Julgamento: 23/05/2007, S1 – PRIMEIRA SEÇÃO)".

No livro IV "DOS ATOS PROCESSUAIS", seção IV "Dos Pronunciamentos do Juiz", consigna-se:

> Art. 203. Os pronunciamentos do juiz consistirão em sentenças, decisões interlocutórias e despachos.
>
> § 1º *Ressalvadas as disposições expressas dos procedimentos especiais, sentença é o pronunciamento por meio do qual o juiz, com fundamento nos arts. 485 e 487, põe fim à fase cognitiva do procedimento comum, bem como extingue a execução.*
>
> § 2º Decisão interlocutória é todo pronunciamento judicial de natureza decisória que não se enquadre no § 1º.
>
> § 3º São despachos todos os demais *pronunciamentos* do juiz praticados no processo, de ofício ou a requerimento da parte.
>
> § 4º Os atos meramente ordinatórios, como a juntada e a vista obrigatória, independem de despacho, devendo ser praticados de ofício pelo servidor e revistos pelo juiz quando necessário.
>
> Art. 204. Acórdão é o julgamento *colegiado* proferido pelos tribunais.
>
> Art. 966. A *decisão* de mérito, transitada em julgado pode ser rescindida quando.

Comparando-se com o art. 485, do CPC/73, verifica-se que a inovação consiste no emprego do termo "*decisão*", em lugar de "sentença". Decisão é mais abrangente, compreendendo sentença, acórdão e interlocutórias, ou seja, definições proferidas no curso do feito, pelo magistrado; não compreende, como se sabe, os despachos de mero expediente. Pensamos, contudo, que para o fim de rescisória, decisão será aquela que define a lide – sentença e/ou acórdão –, além da excepcional e inovadora hipótese da perempção, conforme § 2°, I e II do mesmo art. 966.

Dentre "os pronunciamentos do juiz" (art. 203), estão definidos sentenças, decisões interlocutórias e despachos, além de acórdãos. Embora o *caput* do art. 966 mencione "decisão", pensamos que sua interpretação deve ser consentânea com a excepcionalidade da qual se reveste a ação rescisória, ou seja, a mesma só será admissível contra decisão que define o mérito, pondo fim à demanda. As decisões interlocutórias, estritamente (§ 2°), não são susceptíveis de rescisão. Interpretação oposta alargaria demais a espécie de ação, enfraquecendo, por outro lado, a coisa julgada.

É oportuno lembrar que há um elenco expresso de decisões agraváveis – art. 1.015 e seguintes –. As demais, devem ser suscitadas em preliminar da apelação – art. 1.009, § 1° –. Destarte, se a parte não interpõe AI, nos casos enumerados no art. 1.015, haverá preclusão; se se interpõe, a matéria será devolvida ao tribunal competente, que a decidirá, não sendo razoável, havendo preclusão ainda em primeiro grau ou segundo, que se admita rescisória contra a decisão; seria, como já referido, elastecer demais o campo, que por natureza deve ser restrito, de cabimento da ação rescisória, a não ser em hipóteses absolutamente teratológicas, à vista do caso concreto. Em regra, para nós, salvo a expressa ressalva contida no § 2º, I e II, do art.966, só é cabível rescisória contra decisão definidora do mérito.

CAPÍTULO II

ANÁLISE E INTERPRETAÇÃO DOS ARTS. 485 E 1.030 DO CPC E RESPECTIVOS INCISOS

1. NOS CASOS DE PREVARICAÇÃO, CONCUSSÃO OU CORRUPÇÃO

O *caput* do art. 485 prescreve:

> "A sentença de mérito, transitada em julgado, pode ser rescindida quando:
>
> I – se verificar que foi dada por prevaricação, concussão ou corrupção do juiz; (...)"

A aplicação de tal inciso pressupõe, antes de mais nada, a compreensão das figuras penais aí remetidas.

A prevaricação está capitulada no art. 319, do CP, e ocorre quando se retarda ou deixa de praticar, indevidamente, ato de ofício, ou o pratica contra disposição expressa de lei, para satisfazer interesse ou sentimento pessoal.

A concussão (art. 316, CP), a seu turno, configura-se ao exigir para si ou para outrem, direta ou indiretamente, ainda que fora da função, ou antes de assumi-la, mas em razão dela, vantagem indevida.

A corrupção (arts. 317 e 333, CP), que no caso seria passiva, conforme doutrina majoritária, consiste em solicitar ou receber, para si ou para outrem, direta ou indiretamente, ainda que fora da função ou antes de assumi-la, mas em razão dela, vantagem indevida, ou em aceitar promessa de tal vantagem.

Todas essas figuras penais pressupõem conduta dolosa do agente (art. 18, I/CP) para sua tipificação, independendo, no entanto, de sua apuração e condenação em processo criminal, segundo magistério, por exemplo, da prof.ª Ada Pellegrini Grinover, em Direito Processual Civil (José Bushatsky Editor, 1978, p. 162):

> "As figuras penais de hoje, como a 'peita' de 1939, independem de condenação prévia no juízo criminal, como é necessário em Portugal, ou de reconhecimento do dolo do juiz em sentença passada em julgado (art. 395, 6, CPC italiano). É diversa a orientação do Direito alemão, onde se

exige que o juiz faltoso tenha sido condenado criminalmente, salvo impossibilidade de condenação por motivo outro, que não a falta de provas (ZPO, §§ 580, 5 e 581). Na França, impede-se de todo a anulação, quando o julgado não seja de tal forma irregular que manifestamente deixe de parecer sentença."

Tal orientação – desnecessidade de condenação penal ou mesmo do respectivo processo – se justifica por ter a lei feito remissão a tais tipos penais como fontes indicativas de ausência de imparcialidade do órgão julgador, o que pode ser avaliado civilmente para fim rescisório. Sob esta ótica, seria um efeito residual de tais delitos. Ou seja, ainda que inexistindo conseqüência penal – efeito primário –, poderão tais comportamentos justificar a desconstituição da coisa julgada.

A norma se destina tanto ao juiz singular quanto ao de colegiado, ao atuar monocraticamente, tal como previsto no art. 557/CPC. Quando este, no entanto, judicar colegiadamente, poderá ensejar a rescisória desde que "... tenha proferido voto que conduziu à maioria ou que compôs no julgamento do colegiado", conforme doutrina o prof. Bernardo Pimentel de Souza, em Introdução aos recursos cíveis e à ação rescisória (Brasília Jurídica, 2000, p. 377), onde, inclusive, encontram-se anotações de outros doutrinadores, além de jurisprudência.

1.1 Art. 966. A decisão de mérito, transitada em julgado, pode ser rescindida quando:

I – se verificar que foi proferida por força de prevaricação, concussão ou corrupção do juiz;

Não há inovação, no ponto. É oportuno observar, contudo, em adendo ao comentário original, ou seja, das anteriores edições, que o autor da sentença poderá vir a ser processado, penalmente, por tê-la proferido prevaricando, praticando concussão ou corrupção. Caso ocorra uma das hipóteses, se condenado, o reflexo na jurisdição não-penal será, normalmente, inevitável, levando-se à rescisão do julgado, caso tal ainda não tenha ocorrido. Observe-se, porém, que se o mesmo for absolvido no juízo criminal, só haveria coisa julgada no cível, na hipótese descrita no art. 65, do CPP, o que dificilmente ocorreria nas circunstâncias do item I em apreço.

Caso ocorra a absolvição, porém, sem reconhecer, categoricamente, a inexistência material do fato ou que o mesmo que foi imputado não configura crime (art. 66 e 67, do CPP), aí sim, ainda persistirá viável o aforamento da rescisória. É a aplicação, *mutatis mutandis*, da jurisprudência do STF condensada na Súmula 18: *Pela falta residual, não*

compreendida na absolvição pelo juízo criminal, é admissível a punição administrativa do servidor público. **Aplicável, ainda, a regra inscrita no art. 935, do CC, que corresponde ao art. 1.525, do anterior.**

2. IMPEDIMENTO OU INCOMPETÊNCIA DO JUIZ

"II – proferida por juiz impedido ou absolutamente incompetente;"

A regra visa, precipuamente, a resguardar o princípio do devido processo legal (CF, art. 5°, LIV), em toda a sua dimensão, incluindo-se o juízo natural: imparcial e competente.

Os casos que determinam o impedimento do juiz encontram-se arrolados nos arts. 134, 136 e 137, do CPC. Observa-se que a suspeição (art. 135) não enseja rescisória, sob tal preceito, conforme entendimento majoritário tanto da doutrina quanto da jurisprudência, levando-se em conta que os permissivos em foco devem sofrer interpretação estrita, à luz do princípio da segurança das relações jurídicas, mormente quando já acobertadas pela *res iudicata*.

Em se tratando de impedimento, o ajuizamento da rescisória não ficará subordinado à apresentação ou não, no momento procedimental oportuno, da respectiva exceção (art. 313, do CPC); também, se apresentada, a sua rejeição pelo órgão julgador competente não obstará o exercício, se for o caso, da ação; o mesmo raciocínio cabe para a incompetência absoluta, não argüida, oportunamente, como preliminar da contestação – art. 301, II, CPC.

É oportuno lembrar que, conforme Súmula n° 252/STF, não há impedimento do juiz que tenha participado do julgamento do recurso que gerou o acórdão rescindendo para julgar a rescisória. No entanto, conforme o art. 134, III, do CPC, o juiz que sentenciou ou proferiu decisão em primeiro grau de jurisdição estará impedido de participar do julgamento da rescisória que vier a ser ajuizada, resultante daquele processo em que ele atuou.

Tendo em vista a inovação resultante da Lei n° 9.756, de 17.12.98, que modificou a redação do art. 557, do CPC, atribuindo ao relator competência para, monocraticamente, decidir o recurso, nas circunstâncias ali indicadas, caso sua decisão individual transite em julgado, por ausência de agravo regimental, e recursos extraordinário e/ou especial, o mesmo estará, a nosso ver, impedido de participar do julgamento de eventual rescisória que vier a ser ajuizada, dentre outros, pelos seguintes motivos:

a) preservação do princípio do juiz natural;

b) aplicação analógica do art. 134, III, levando-se em conta, inclusive, que a sua decisão individual substitui a de primeiro grau (art. 512/CPC);

c) não-incidência do princípio contido na Súmula n° 252/ STF, porque subjaz a ela a idéia de decisão colegiada, no caso, inocorrente (RTJ 144/109 e 49/356); o que se infere, inclusive, de sua redação no plural:

"Na ação rescisória, não estão impedidos juízes que participaram do julgamento rescindendo." (Súmula nº 252/STF)

2.1 II – for proferida por juiz impedido ou por juízo absolutamente incompetente;

Não houve alteração, comparativamente, com igual regra do CPC/73, exceto redacional, subsistindo íntegros os comentários a respeito, contidos na edição anterior.

3. OCORRÊNCIA DE DOLO DA PARTE VENCEDORA OU COLUSÃO, ENTRE AS PARTES, A FIM DE FRAUDAR A LEI

"III – resultar de dolo da parte vencedora em detrimento da parte vencida, ou de colusão entre as partes, a fim de fraudar a lei;"

O dispositivo deve ser desdobrado em duas vertentes.

A primeira se refere à ocorrência de dolo, no sentido processual, vale dizer, a conduta livre e consciente da parte, informada por um dos vícios, que não são taxativos, inscritos no art. 17 e incisos do CPC, utilizado pelo vencedor da lide, traduzido em um comportamento fraudulento, malicioso, ardiloso, em suma, de má-fé, que influenciou, decisivamente, o resultado favorável da demanda (STJ, AR n° 366, DJ de 17.12.2007).

É importante lembrar que constitui dever das partes agir com lealdade, boa-fé (arts. 14, II, 17, 125, III, 599, 600 e 601, do CPC), não se utilizando do processo para obter fins escusos, mesmo porque tal procedimento reprovável resultaria, por via oblíqua, em consagrar o exercício arbitrário de pretenso direito.

Note-se que há controvérsia se a omissão de determinado fato, contrário ao interesse da parte – o silêncio –, caracterizaria ou não dolo processual constitutivo da causa de pedir a rescisão do julgado. Em princípio, não (RT 673/67). Concretamente, todavia, o silêncio poderá gerar tal direito, desde que a parte tivesse o dever de noticiar o fato; porém, não o fez, logrando resultado favorável. Por exemplo, já havia recebido parte do crédito, o que omitiu ao exigir e receber, por decisão judicial, a sua totalidade.

Os vícios determinantes do dolo processual por constituir má-fé não são presumidos. Logo, compete a quem os alegar fazer a correspondente prova da sua ocorrência. Em suma, por ser fato constitutivo do direito, o ônus da prova será do autor (RSTJ 26/504, CPC, art. 333, I).

É interessante observar que o dolo rescisório não se confunde com o de direito, ou seja, a interpretação ou valoração da norma jurídica, pela parte, distorcidamente, sustentando tese que lhe favoreceria, ainda que acolhida, não o caracteriza. Tal decorre do fato de competir ao Judiciário a interpretação e aplicação do Direito, sendo irrelevante, para a hipótese, a exegese que lhe tenha atribuído a parte (RSTJ 103/395 e RTFR 157/5, REsp. n° 21.185-6/SP, DJU de 22.11.93).

> "Não caracteriza má-fé a litigância só porque a parte emprestou a determinado dispositivo de lei ou a certo julgado uma interpretação diversa da que neles efetivamente contida ou desafeiçoada ao entendimento que lhe dá o juízo" (CPC, Theotonio Negrão, 30a ed., Saraiva, 1999, art. 17, nota 5, p. 114).

A segunda parte do inc. III trata da colusão (acordo) entre as partes visando a fraudar a lei, obtendo resultado por ela não contemplado para a hipótese.

A fraude processual poderá ser aquilatada pelo Judiciário, através de circunstâncias, presunções e mesmo provas indiciárias, considerando as dificuldades naturais que permeiam a ação rescisória quando fundada nesse permissivo legal.

Normalmente, ajuíza rescisória quem foi parte na lide (art. 487, I). No caso, todavia, como a causa de pedir a rescisão resulta da fraude das partes, resta claro que nenhuma delas terá interesse em ajuizá-la, mesmo porque teria que revelar a sua conduta torpe. Assim, poderá, em tese, pleitear a rescisão: os sucessores das partes (art. 482, I, segunda parte), o Ministério Público – como custos legis – (art. 487, III, b), ou o terceiro prejudicado pela colusão (art. 487, III c/c art. 499).

Anote-se que na rescisória deverão figurar como réus aqueles que participaram da ação originária, tanto o autor quanto o réu, pois o fundamento para pleitear a rescisão consiste, precisamente, na conduta ilegal, fraudulenta, de ambos, logo, é hipótese de litisconsórcio passivo necessário (art. 47, parágrafo único, do CPC).

O CPC, em seu art. 129, oferece meio de evitar que as partes obtenham resultado que atente contra a ordem jurídica, através de colusão, ao dispor:

> "Convencendo-se, pelas circunstâncias da causa, de que autor e réu se serviram do processo para praticar ato simulado ou conseguir fim proibido por lei, o juiz proferirá sentença que obste aos objetivos das partes."

Logo, se tal ocorrer, ficará afastada, obviamente, a perspectiva de rescisão fundada no inc. III, porque o Judiciário terá frustrado, a tempo, o reprovável objetivo. Caso tal não ocorra, em virtude da malícia das partes que enganaram até mesmo o julgador, a solução será o ajuizamento de pleito rescisório.

3.1 III – resultar de dolo ou coação da parte vencedora em detrimento da parte vencida ou, ainda, de simulação ou colusão entre as partes, a fim de fraudar a lei;

A inovação consistiu nos acréscimos da "coação" e "simulação" da parte vencedora, vícios equiparados para fim rescisório ao dolo, tanto que o legislador utilizou-se da conjunção alternativa *ou*..."dolo *ou* coação". Pensamos que a coação, em tese, configura vício do ato jurídico até mais grave que o dolo, pois pressupõe ameaça de violência, física ou psicológica, moral, tendente a obrigar a outra parte a "concordar" ou "aquiescer" com determinada situação conducente a uma decisão judicial de mérito, que lhe seja desfavorável, motivada, no entanto, pela ação coercitiva da parte adversa. Acresceu-se, também, o vício simulação, de igual modo equiparado, para a finalidade, à colusão, o que se revela igualmente no emprego da mesma conjunção *ou* "simulação *ou* colusão".

Importante o exame do Capítulo II, "DOS DEVERES DAS PARTES E DE SEUS PROCURADORES", seções I e II, no que pertine, para o manejo de rescisória com espeque no inciso III em apreço. Por sua vez, no Capítulo I do Título IV, que cuida "DOS PODERES, DOS DEVERES E DA RESPONSABILIDADE DO JUIZ", o NCPC atribui-lhe competência e dever para coibir condutas de partes que atentem contra a dignidade da Justiça (art. 139, III). Tanto quanto, para impedir que as partes se sirvam do processo para alcançarem fim vedado por lei (art. 142). Destarte, subsistem os comentários feitos ao inciso III do art. 485, item 3, *retro* do CPC/73.

4. OFENSA À COISA JULGADA

"IV – ofender a coisa julgada;"

A coisa julgada constitui garantia ou direito fundamental -art. 5º, XXXVI, CF.

Legalmente, a LICC a conceitua no § 3° do seu art. 6º, a saber:

> "Chama-se coisa julgada ou caso julgado a decisão judicial de que já não caiba recurso."

Ocorrendo tal situação em um processo, mas, posteriormente, sobrevindo outra decisão com trânsito em julgado, que tenha decidido novamente e de forma diversa, total ou parcialmente, a mesma lide (art. 301, §§ 1°, 2° e 3°, CPC), ter-se-á caracterizado, em tese, violação à primeira coisa julgada pelo segundo julgamento. Em suma, a hipótese deste dispositivo visa a rescindir a segunda coisa julgada, preservando-se a primeira.

Observe-se que apenas a coisa julgada material (tanto no primeiro quanto no segundo processo) é que ensejará a rescisão com espeque em tal permissivo.

O conceito de coisa julgada material, para fim de rescisória, decorre, basicamente, da conjugação dos arts. 467, 468 e 269, I, do CPC, em seu alcance, não se esquecendo, ainda, do art. 469, a contrario sensu, para enfatizar que apenas o dispositivo da decisão é revestido da qualidade e imutabilidade inerentes à res iudicata.

A argüição de coisa julgada pela parte interessada, porém, rejeitada judicialmente, não impede que posteriormente venha a ser ajuizada a rescisória, com fulcro em tal preceito.

Hipótese interessante pode surgir se ultrapassado o biênio legal para o exercício da rescisória, de molde a se determinar qual das duas coisas julgadas deverá prevalecer: a primeira ou a segunda?

Parte da doutrina defende que se a segunda coisa julgada resultar de processo distinto, deverá preponderar; se no mesmo processo, a primeira deverá prevalecer, pois a segunda seria nula de pleno direito.

Outra corrente doutrinária propugna pela prevalência da primeira, considerando a regra do art. 5°, XXXVI, da CF, e nessa hipótese não haveria, inclusive, que se observar o prazo do art. 495/CPC, podendo a segunda coisa julgada ser impugnada a qualquer tempo.

Observe-se, aliás, que, no comum das hipóteses, a prolação de segunda sentença no mesmo processo, violando a coisa julgada, configuraria, até mesmo, erro material, suscetível de correção, a qualquer tempo, de ofício (art. 463, I/CPC).

A idéia subjacente ao inc. IV pressupõe decisões antagônicas em processos distintos, de tal forma que a segunda viole a coisa julgada já existente, resultante do primeiro feito.

Não obstante controvérsia doutrinária, a posição que mais se coaduna com a lei processual, para nós, com a devida vênia, é a que pugna pela prevalência da segunda coisa julgada. Tanto mais se afirma tal conclusão quando se verifica que a própria lei processual prevê, como uma das hipóteses de rescisão, a violação da coisa julgada, o que revela a idéia de subsistência desta em detrimento daquela, caso não seja rescindida. Em tal sentido, dentre outros, o prof. Cândido Rangel Dinamarco, em seu livro Fundamentos do processo civil moderno, 3a ed., Malheiros, 2000, ps. 1.379-81, a saber:

"...A técnica processual predispõe instrumentos para a efetividade do veto ao bis in idem representado por uma segunda sentença sobre o mesmo objeto, dada entre as mesmas partes, como a nulidade da segunda delas e sua rescindibilidade em caso de chegar ela própria a passar em julgado também (CPC, art. 485, inc. VI).

Mas é curial que quando, por fás ou por nefas, isso acontecer, passando em julgado uma segunda sentença sobre o mesmo objeto de uma primeira já coberta pela coisa julgada, não pode a segunda ser simplesmente ignorada, como se fosse um nada jurídico. Como também venho dizendo e disse mais acima (supra, n° 789), os atos estatais, precisamente porque fundados no poder e porque a posição dos indivíduos em face do exercício do poder estatal é de sujeição, não podem ser desconsiderados, invalidados ou retirados do mundo jurídico senão por outro ato do próprio Estado. Assim como os atos da Administração serão invalidados por ela própria ou pelo Poder Judiciário (Súmula nº 473, STF) e as leis prevalecem até que revogadas ou dadas por inconstitucionais mediante regular processo, também os atos jurisdicionais têm a sua permanência na ordem jurídica assegurada até que, pelas vias regulares, os desconstitua o próprio Poder Judiciário. Enquanto isso não for feito, ou se isso não for feito, eles permanecem.

Ora, o ***único caminho*** que a ordem jurídica oferece para desconstituir sentenças e acórdãos dados com infração à coisa julgada material é a ação rescisória (CPC, art. 485, inc. IV). (Ressalvada a hipótese de sentença condenatória oferecida como título em processo executivo, a qual poderá ser desconstituída em sede de embargos à execução pelo fundamento indicado no art. 741, inc. I, do Código de Processo Civil.) E isso tem uma seriíssima razão de ser, que é o valor ético e sistemático da coisa julgada mesma. A Constituição Federal e as dos Estados, ao fixarem a competência dos tribunais para a ação rescisória, deixam muito claro que pretendem conferir exclusivamente aos órgãos superiores da jurisdição o poder de invalidar uma coisa julgada material, qualquer que seja ela e quaisquer que sejam as circunstâncias em que haja sido produzida.

Seria por isso um grosso absurdo pensar que, oferecendo o Código de Processo Civil a ação rescisória como instrumento para rescindir uma sentença pelo motivo de ter decidido sobre o mesmo objeto de outra anterior (art. 485, IV), a não-propositura da ação rescisória tivesse a mesma conseqüência prática de uma ação rescisória proposta e julgada procedente. No caso em exame, a devedora até propôs não uma, mas duas ações rescisórias contra a sentença homologatória da transação, sendo malsucedida nessas duas incursões. Não se pode agora considerar que, com tudo isso, ainda prevaleça uma sentença que eventualmente haja sido proferida antes daquela.

Resumidamente, são, portanto, duas as razões pelas quais prevalece a segunda das sentenças cobertas pela coisa julgada material e não a primeira: a) pelo aspecto sistemático e político-institucional, o ato estatal posterior revoga os anteriores; b) se a lei institui a ação rescisória como instrumento adequado a afastar a segunda sentença passada em julgado, é porque ela tem por necessário rescindir. Se fosse sua intenção dar prevalência à primeira das sentenças, não estabeleceria esse verdadeiro e autêntico ônus, que é o de propor a ação rescisória. "

Mutatis mutandis, em prol de tal posição, poder-se-ia lembrar, até mesmo, a regra subjacente ao art. 512 do CPC. Vale dizer, a segunda coisa julgada, enquanto e se eficaz, toma o lugar da antecedente, daí a evidente necessidade de rescindi-la para restabelecer a eficácia da anterior.

4.1. IV – ofender a coisa julgada;

Os comentários ao item 4, da edição anterior, persistem, na essência. A CF, 5º, XXXVI, erige a coisa julgada, juntamente com o ato jurídico perfeito e o direito adquirido, a garantias fundamentais, infensas a serem prejudicadas pela lei.

A antiga e importante LICC (Decreto-Lei nº 4.657, de 04/09/1942), atual LINDB (Lei nº 12.376, de 30/12/2010), em seu art. 6º e §§, define tais institutos, consignando que: *"Chama-se coisa julgada ou caso julgado a decisão judicial de que já não caiba recurso"*. A par de definir-se = decidir, a controvérsia levada a juízo, a coisa julgada visa, substancialmente, a gerar segurança jurídica para o seu destinatário, além de paz social, propiciando condição básica para a convivência e desenvolvimento harmônicos, da vida em sociedade. Daí o seu indiscutível relevo, como "produto final" que é, da atividade judicante, inerente a um dos três Poderes Estatais, qual seja, o Judiciário. É natural, assim, a previsão rescisória de sentença que venha a formar nova coisa julgada em detrimento de outra, anteriormente constituída. É necessário, logicamente, que se afira a existência da duplicidade decisória, dos julgamentos, valendo-se, para tanto, do que consta dos arts. 502 e seguintes, do NCPC, além do § 4º, do art. 337, que prescreve: "Há coisa julgada quando se repete ação que já foi decidida por decisão transitada em julgado". E, pelo § 2º, do mesmo dispositivo: "Uma ação é idêntica a outra quando possui as mesmas partes, a mesma causa de pedir e o mesmo pedido".

O Min. Marco Aurélio, Relator do RE 666.589/DF, antes do voto, propriamente, fez a seguinte e oportuna "Segunda observação: a coisa julgada é o ato jurídico perfeito por excelência, porque emanado do próprio Judiciário. Tem, portanto, envergadura ímpar. Tanto a possui que somente é mitigada, pela Carta da República, considerada a ação de impugnação autônoma – a rescisória".

Tal ocorrendo, para que se restaure a eficácia da primeira coisa julgada é necessário que se retire do mundo jurídico a segunda. Caso tal não se dê, esta prevalecerá mesmo tendo chancelado julgamento diverso, total ou parcialmente, da primeira sentença. Parece óbvio que, se a segunda coisa julgada definiu a lide de igual modo que o fizera a primeira, ainda que inusitada a espécie, não teria maior justificativa em rescindi-la. A hipótese ganha relevo quando há ofensa real, efetiva, ao julgamento anterior, vale dizer, decidindo-se diversamente, total ou parcialmente, a mesma lide.

5. VIOLAÇÃO À LITERAL DISPOSIÇÃO DE LEI

"V – violar literal disposição de lei."

Há que ser definido, inicialmente, o alcance do vocábulo "lei", aí inserto.

A sua compreensão deve ter como fonte primária o art. 59 da CF, no qual se elencam as várias espécies normativas compreendidas no âmbito do processo legislativo, a saber: emendas à Constituição; leis complementares; ordinárias; delegadas; medidas provisórias; decretos legislativos e resoluções. Obviamente, aí se compreende, com maior razão até, texto da própria Carta Magna, em sua elaboração originária.

Constitui denominador comum de tais espécies legislativas sua abstração, generalidade e impessoalidade, além da circunstância de serem editadas com base em competência originariamente constitucional.

Logo, a decisão judicial que infringir a literalidade de preceito constante de qualquer uma de tais espécies legiferantes autorizará, em princípio, o exercício da rescisória, com base no permissivo em apreço.

O decreto merece referência à parte, considerando a norma do art. 84, IV/CF, que, à primeira vista, só autorizaria, no Direito brasileiro, o decreto regulamentar; todavia, o próprio STF já admitiu, a fortiori, que o Poder Executivo emitisse ato normativo, com tal hierarquia, quando analisou a norma do art. 237/CF, o que ensejaria, portanto, o pedido rescisório, na hipótese de violação de regra nele contida.

Os regimentos internos dos tribunais também merecem particular menção. Com efeito, são expedidos com base no art. 96, I, a/CF. Naquele campo de sua estrita competência, suas normas se equiparam às da própria lei. Assim, a inobservância de suas normas pode dar azo ao pleito rescisório, não obstante controvérsia a respeito.

Como se sabe, a CF, em seu art. 96, I, a, atribui, privativamente, aos tribunais, competência para elaborar seus regimentos, com observância das normas de processo e garantias processuais das partes, dispondo sobre a competência e funcionamento dos respectivos órgãos jurisdicionais e administrativos.

Nessa ordem, é plausível que a infringência de norma regimental, compatível com a CF e lei processual, dê margem à ação rescisória, porque o regimento, no âmbito próprio de sua competência, constitui norma interna, que visa a garantir o devido processo legal (art. 5º, LIV/CF). Exemplo: o RI de certo tribunal dispõe que embargos infringentes devam ser julgados pela seção cível. No entanto, seu julgamento ocorreu pela câmara ou turma, cuja composição é menor. Evidente o vício, a justificar, caso transite em julgado a rescisória, pois em última análise violou-se, além de norma regimental, o princípio maior subjacente do due process of law.

Recentemente, o STJ, pela 2ª Seção, por maioria, adotou a tese em epígrafe em acórdão relatado pelo em. Ministro Eduardo Ribeiro, cuja ementa transcrevemos:

> "Ação rescisória. Regimento interno do tribunal.
>
> Enseja a rescisória, com base no art. 485, V, do Código de Processo Civil, a violação a dispositivo constante de regimento interno, editado no exercício da competência privativa dos tribunais, deferida pelo art. 96, I, *a*, da Constituição. Recurso especial.
>
> Hipótese de indenização por acidente do trabalho, em que, recusada a alegada prescrição, quando decidida a apelação, por entender-se que vintenário o prazo. Afastado esse fundamento, ao ser apreciado o especial, cabe ao Superior Tribunal de Justiça prosseguir no julgamento da causa, aplicando o direito à espécie. Deverá, pois, examinar a alegação de que, mesmo ânuo o prazo prescricional, não teria ele decorrido.
>
> Rescisória julgada procedente, por infração ao art. 257 do Regimento Interno do STJ." (AR nº 579/SP publicada in DJ de 05.02.2001, p. 69)

É oportuno observar que os Direitos municipal, estadual, distrital, e mesmo estrangeiro, como decorre do art. 337/CPC, muitas vezes incidem na definição de várias lides. Ocorrendo sua violação, será cabível, em tese, a rescisória com base no aludido inciso.

Quanto ao Direito estrangeiro, colhe-se da jurisprudência que a sua incidência não é tão freqüente; no entanto, com o fenômeno da globalização e regionalização, eclodindo-se várias situações jurídicas envolvendo pessoas de países distintos, prenuncia-se o crescimento constante da aplicação de normas alienígenas, o que gera a perspectiva de eventual aumento de pedidos rescisórios, cuja causa se fundamente no respectivo Direito Estrangeiro.

Aliás, partindo-se da norma inscrita no art. 4º, da LICC (Decreto-Lei nº 4.657/42), infere-se que a lide poderá ser composta não só com base em normas positivadas, mas, também, no que interessa, apoiada nos costumes e nos princípios gerais de Direito, o que conduz à possibilidade do maltrato exegético a tais fontes normativas, viabilizando, outrossim, o ajuizamento dessa ação desconstitutiva da coisa julgada, embora o seu campo de incidência, aqui, seja, pela própria natureza das questões, bem mais restritivo.

Em tal sentido, ao julgar a AR n° 822-SP, a 1ª Seção do STJ, unanimemente, sufragou o voto do em. Relator Ministro Franciulli Netto, restando o acórdão com a seguinte:

> "Ementa:
>
> Processual civil – Ação rescisória – Falta de peças essenciais – Art. 485, V, do CPC – Violação a princípios gerais de Direito – Possibilidade – Improcedência do pedido.
>
> Quando o autor não apresenta os documentos essenciais à compreensão da causa, mas o réu os apresenta, fica suprida a deficiência.
>
> A interpretação do art. 485, inc. V, do CPC, deve ser ampla e abarca a analogia, os costumes e os princípios gerais de Direito (art. 4º da LICC).
>
> A interpretação divergente de princípios ou de posicionamento jurisprudencial não autoriza a rescisão do acórdão (Súmulas n° 343 do STF e n° 143 do TFR).
>
> Pedido rescisório improcedente. Decisão unânime." (DJU de 28.08.2000, p. 50)

O inciso legal, objeto destes comentários, não alcança, em seu espectro, atos administrativos normativos inferiores a decreto, tais como portarias, resoluções, circulares etc., tanto quanto jurisprudência, até mesmo sumulada.

Outra vertente a ser analisada refere-se ao alcance da expressão violação literal de lei.

A mesma traduz a idéia de que o julgado não encampou uma interpretação teratológica, aberrante do texto, tendo, ao contrário, lhe emprestado exegese que razoavelmente poderia ter, considerando o seu caráter teleológico, para aquela situação, atendendo, em suma, aos ditames do art. 5º, da LICC, que preconiza, exatamente, a aplicação que visa a alcançar os fins sociais e o bem comum, alvos da norma.

Deve-se enfatizar que o permissivo tem como núcleo a violação de disposição de lei e não da lei em seu sentido estrito.

Por disposição compreende-se, conforme o prof. Aurélio Buarque, em seu dicionário, ed. 1986, p. 598: "intento, propósito, desígnio, determinação". Em suma, o desrespeito à norma contida no texto da lei, isto é, o seu escopo, o seu desideratum, os valores que a mesma busca tutelar e que foram violados pela decisão rescindenda é que configuram o tipo processual contido no inc. V, em exame.

É comum a lei admitir, pelo menos, duas interpretações igualmente sustentáveis. Naturalmente, uma se mostrará mais razoável e consentânea com a ordem jurídica; quanto à outra, embora menos defensável, nem por isso a sua adoção caracterizará literal violação à respectiva norma jurídica. Daí a razão pela qual, de há muito, o STF sumulou – verbete n° 343:

> "Não cabe ação rescisória por ofensa a literal disposição de lei, quando a decisão rescindenda se tiver baseado em texto legal de interpretação controvertida nos tribunais."

A robustecer a idéia da razoabilidade interpretativa, lembre-se, ainda, da jurisprudência condensada na Súmula nº 400/STF, cujo substrato tem pertinência com o aspecto que vem de ser abordado, a qual diz:

> "Decisão que deu razoável interpretação à lei, ainda que não seja a melhor, não autoriza recurso extraordinário pela letra *a* do art. 101, III, da Constituição Federal."

Já nos idos de 1943, o saudoso ministro Orosimbo Nonato, a propósito, posicionou-se no sentido de que "... se um tribunal local adota uma das diversas interpretações razoáveis, que a lei pode oferecer, reforçando-a com argumentos poderosos, ainda que não pareça exata à outra corrente de opinião, caso não será de recurso extraordinário (DJ de 05.08.1943)" (*apud* Roberto Rosas, in Direito sumular, 6ª ed., RT, 1991, p. 172).

Evolutivamente, o então eg. TFR houve por bem editar a Súmula n° 134, a saber:

> "Não cabe ação rescisória por violação de literal disposição de lei se, ao tempo em que foi prolatada a sentença rescindenda, a interpretação era controvertida nos Tribunais, embora, posteriormente, se tenha fixado favoravelmente à pretensão do autor."

Igualmente, o eg. 1º TASP sumulou sua jurisprudência, verbete n° 3, assim:

> "Descabe o ajuizamento de ação rescisória quando fundado em nova adoção de interpretação do texto legal."

Nesta ordem de idéias, conclui-se que, em regra, o dissenso interpretativo de norma infraconstitucional não constitui fundamento bastante para a pretensão rescisória.

Neste diapasão, colhe-se que, com fulcro no inc. V do art. 485 do CPC, a "ação rescisória não se presta a rediscutir matéria fática" (STJ, AR n° 1.341, DJ de 28.05.2007), devendo, nessa linha, para que prospere a demanda, que tenha ocorrido a pronúncia sobre a norma legal, tido por violada, inadmitindo-se alegação serôdia (STF, AgRg AR n° 1.752, DJ de 20.05.2005; STJ, AR n° 1.299, DJ de 18.10.2004), nem à correção de erro material do julgado (STF, AR n° 1.583, DJ de 14.10.2005), impondo-se a indicação do dispositivo da lei (STJ, REsp. n° 588.653, DJ de 21.02.2005); improsperando a mesma, outrossim, quando o decisum se orientou pela jurisprudência dos Tribunais Superiores (STJ, AR n° 2.262, DJ de 05.02.2007), devendo haver argumentação plausível no sentido de amparar a respectiva pretensão (STJ, AR n° 1.883, DJ de 09.04.2007).

Em se tratando, no entanto, de interpretação de norma infraconstitucional em confronto com o texto constitucional, o STJ já se manifestou pela inaplicabilidade da Súmula n° 343/STF, para permitir, não obstante a divergência interpretativa, existente à época do julgado, o ajuizamento da ação rescisória. Neste sentido, Emb. de Div. no REsp n° 155.654/RS, relator em. inistro José Arnaldo da Fonseca – Corte Especial, unânime, julg. em 16.06.1999, DJU de 23.08.1999, p. 70:

> "Embargos de divergência. Ação rescisória. Interpretação de texto constitucional. Cabimento.
>
> É admissível a ação rescisória, mesmo que, à época da decisão rescindenda, fosse controvertida a interpretação de texto constitucional. Inaplicável à espécie a Súmula n° 343, do Supremo Tribunal Federal, ainda mais porque o aresto rescindendo divergira do pacífico entendimento do STF sobre o tema, de índole constitucional. Precedentes.
>
> Dissenso não configurado.
>
> Embargos não conhecidos."

Igualmente, ao julgar o REsp. n° 99.425-DF, a 1ª Turma do STJ, por unanimidade, acompanhou o voto do em. Relator Ministro Humberto Gomes de Barros, restando o acórdão com a seguinte:

> "Ementa: Processual. Ação rescisória. Violação de dispositivo legal. Negativa de aplicação da lei. Inconstitucionalidade. Súmula n° 343 do STF. Não-incidência. Cabimento da rescisória.

> Se o acórdão rescindendo deixou de aplicar a lei, por julgá-la inconstitucional, a ação rescisória é sempre cabível, nada importando a circunstância de tal inconstitucionalidade haver sido controvertida, na época em que se formou o Acórdão.
>
> A restrição contida na Súmula n° 343 do STF não incide, quando se controvertia a constitucionalidade da lei, ficando ao largo a interpretação do dispositivo legal." (RSTJ 96/150)

Como se sabe, pelo art. 102 da CF, compete ao STF, precipuamente, a sua guarda.

Assim, qualquer decisão judicial que implique se afastar da exegese adotada pela Suprema Corte, envolvendo normas do texto fundamental, infirma o princípio da supremacia constitucional, autorizando, como corolário, a sua rescindibilidade, afastado, naturalmente, o óbice de tal verbete, que pressupõe divergência na interpretação legal, stricto sensu, entre tribunais.

O próprio STF, em reiteradas decisões (RTJ 114/361, 108/ 1369, 101/207, dentre outras), firmou sua jurisprudência no sentido da inaplicabilidade de tal orientação sumular, quando se tratar de interpretação de texto constitucional.

Aliás, o TRF da 4ª Região, a propósito, editou a Súmula n° 63, a saber:

> "Não é aplicável a Súmula 343 do Supremo Tribunal Federal nas ações rescisórias versando matéria constitucional."

Conforme REsp. n° 165.176/RS, relator em. Ministro Milton Luiz Pereira (DJU de 22.05.2000, 1a T., unânime):

> "...A Súmula n° 343/STF 'nada mais é do que a repercussão, na esfera da ação rescisória, da Súmula n° 400 – que não se aplica a texto constitucional – no âmbito do recurso extraordinário' (RTJ 101/214). 'Se a lei é conforme a Constituição e o acórdão deixa de aplicá-la à guisa de inconstitucionalidade, o julgado se sujeita à ação rescisória ainda que na época os tribunais divergissem a respeito. Do mesmo modo, se o Acórdão aplica lei que o Supremo Tribunal Federal, mais tarde, declare inconstitucional.' (REsp. n° 128.239/RJ – rel. min. Ari Pargendler)"

Destarte, não há dúvida, a esta altura, de que será cabível a rescisória – afastadas as Súmulas nos 343 e 134, STF e ex-TFR, respectivamente –, quando a decisão rescindenda houver interpretado e aplicado a lei, em confronto com a Constituição, porém, de forma diametralmente oposta àquela interpretação que lhe atribuiu o STF.

A expressão – em confronto com a CF – tem merecido, especialmente da 1ª Seção do STJ, interpretação restritiva para alcançar apenas as decisões rescindendas que tenham se baseado em norma declarada inconstitucional, ou constitucional, em linha oposta àquela definida pelo STF.

A propósito, veja-se o seguinte precedente, especificamente o seu item 3:

> "Processo civil. Agravo regimental. Ação rescisória. Violação a literal disposição de lei. FGTS. Expurgos inflacionários. Súmula n° 343/STF. Interpretação controvertida nos tribunais. Indeferimento liminar da petição inicial. Ausência de interesse juridicamente protegido.
>
> 1. Acórdão rescindendo que examinou a matéria, como era de sua competência, à luz da legislação infraconstitucional.
>
> 2. Se a interpretação era controvertida nos tribunais, não cabe ação rescisória por ofensa a literal disposição de lei, ainda que a jurisprudência, posteriormente, tenha se firmado favoravelmente ao pleito do autor (Súmulas nos 343/STF e 134/TRF).
>
> 3. Segundo orientação da Primeira Seção desta Corte, deve-se afastar a aplicação da Súmula n° 343/STF somente na hipótese em que o Supremo Tribunal Federal venha a declarar a inconstitucionalidade da lei aplicada pelo acórdão rescindendo.
>
> 4. A Corte Suprema analisou o pleito relativo à correção monetária dos saldos das contas vinculadas do FGTS à luz do princípio do direito adquirido, sem examinar a constitucionalidade.
>
> 5. Agravo regimental improvido." (Ag. Rg. na Ação Rescisória n° 1.641-RS, relatora ministra Eliana Calmon, 1ª Seção, v.u., DJ-I de 18.02.2002) (item 3 – grifo nosso)

Outro aspecto que merece reflexão é aquele relativo à divergência operada na jurisprudência do próprio STF. Ou seja, acerca de determinada questão, consistente em aplicar norma constitucional ou legal, nesta, em face do Texto Básico, suas Turmas divergiam.

A divergência, no entanto, só ficou superada com a manifestação – em um sentido ou em outro – do seu Plenário.

A decisão rescindenda harmonizava-se com a interpretação de uma das Turmas, que restou vencida no Pleno. Em tal hipótese, aplicar-se-iam ou não as súmulas?

A preocupação tem certa procedência, sabendo-se que a rescisória deve ser de estrita aplicação, em respeito ao princípio da segurança das relações jurídicas, acobertado pela coisa julgada (art. 5º, XXXVI, CF), garantia fundamental que tem, na seara do Judiciário, como guardião maior, o Excelso Pretório.

Ora, se o próprio Supremo, órgão máximo do Judiciário, divergiu, internamente, em certo momento, a respeito de determinado tema jurídico, é plausível que se prestigie a decisão que se harmonizava, à época, com o entendimento firmado, ainda que por órgão fracionário daquele augusto Pretório.

Não obstante a Súmula n° 343 se referir à divergência entre tribunais, na aplicação da lei, é razoável adaptar o seu sentido e alcance às hipóteses em que o dissídio, mesmo que sobre preceitos constitucionais, tenha surgido no âmbito do próprio STF, inadmitindo-se, em casos tais, a rescisória, embora este não pareça ser o seu entendimento, conforme se infere, por exemplo, do RE n° 89.108-GO, por maioria, relatado pelo eminente e saudoso ministro Cunha Peixoto (RTJ 101/207), de cuja ementa transcreve-se:

> "Inaplicabilidade, à espécie, do enunciado n° 343 da Súmula do STF, seja pela inexistência de dissídio de julgados até o pronunciamento da inconstitucionalidade do dispositivo de lei estadual sob exame, quer porque o aresto discrepante, proferido pela Primeira Turma do Supremo Tribunal Federal (RE n° 71.583), foi posteriormente absorvido por decisão contrária do Plenário desse mesmo Tribunal (RE n° 73.709)."

Ainda que voto vencido, são ponderáveis, todavia, as razões expendidas pelo também eminente e saudoso ministro Cordeiro Guerra, ao votar na mesma decisão, a saber:

> "...Ora, na espécie, a nomeação do terceiro colocado no concurso, de acordo com a lei então vigente, e cuja constitucionalidade fora admitida pela Egrégia 1a Turma, a meu ver, não pode ser desconstituída pelo julgamento posterior de inconstitucionalidade.
>
> De qualquer modo, é evidente que este Tribunal só se decidiu em sua composição plenária pela inconstitucionalidade da norma aplicada quando esta já havia produzido os seus efeitos.
>
> Embora a Súmula n° 343 se refira à divergência na interpretação de normas legais, no caso em espécie, tem ela aplicação, pois a inconstitucionalidade só foi reconhecida após o trânsito em julgado de uma decisão até então havida como não infringente do texto constitucional.
>
> Houve, assim, mudança de critério na apreciação da constitucionalidade da norma aplicada, e, por conseguinte, creio que não foi desarrazoada a aplicação da Súmula n° 343 à espécie."

Aderimos, em tese, a este posicionamento, por considerá-lo mais consentâneo com a estabilidade jurídica e a garantia fundamental da res iudicata.

Sob outro ângulo, o em. Ministro Milton Luiz Pereira, ao relatar o EIAR n° 429/BA, perante a 1ª Seção, que, por maioria, ;sufragou o Acórdão, bem expressou o sentido finalístico da jurisprudência sumulada, conforme se infere da seguinte:

> "Ementa: Processual civil. Ação rescisória. Embargos infringentes. Prestações da casa própria. Reajustes. Prestações. Equivalência salarial. Decreto-Lei 19/66 (art. 1º). Lei nº 6.205/75 (art. 1º). Lei nº 6.423/77 (art. 1º). Lei nº 6.899/81, CPC, 485, V, e 530. Súmula nº 343/STF.
>
> 1. A Ação Rescisória, diante de objetivas circunstâncias da ordem social e econômica, liberta a interpretação construtiva da norma legal na aplicação dinâmica do Direito, não se constituindo como instrumento restrito só ao exame de literal violação à disposição de lei, escravizando a ordem jurídica ao formalismo impiedoso ou tecnicista.
>
> 2. A Súmula nº 343/STF pode ser interpretada com temperamentos.
>
> 3. A equivalência salarial é inspirada via para os reajustes das prestações da casa própria.
>
> 4. Embargos sem provimento. '' (DJU de 11.09.2000, p. 212)

5.1. V – violar manifestamente norma jurídica;

No item 5, *retro*, à luz do CPC/73, comentamos igual inciso, que previa a rescisória quando a sentença de mérito violasse literal disposição de lei. Tais comentários subsistem, ainda, em seu alcance e sentido. Sob a nova ordem jurídico-processual, contudo, alargou-se o espectro do cabimento de tal ação com arrimo no preceptivo. Sem dúvida, a violação de *literal disposição* de lei se contém no âmbito da manifesta *violação de norma jurídica*. Esta, assim, é gênero do qual aquela é espécie. Esta, contudo, abriga outras hipóteses, pois encerra conceito mais elástico, mais abrangente, do que apenas lei, *stricto sensu*.

Relembre-se que o saudoso Ministro ADHEMAR MACIEL, no item IV da ementa, no REsp. 1.106/SC, denso de juridicidade, sumariou:

> **"IV – O VOCÁBULO 'LEI' INSERTO NO INCISO V DO ART. 485 DO CPC DEVE SER INTERPRETADO EM SENTIDO AMPLO, ABRANGENDO OS DECRETOS FEDERAIS, AS LEIS ESTADUAIS E AS LEIS MUNICIPAIS. ". (STJ – REsp: 11106 SC 1991/0009712-8, Relator: Ministro ADHEMAR MACIEL, Data de Julgamento: 06/10/1997, T2 – SEGUNDA TURMA, Data de Publicação: DJ 10.11.1997 p. 57731 JC vol. 80 p. 735 RSTJ vol. 104 p. 183)**

Além de violação a norma da própria CF, no âmbito da legislação federal, será admissível rescisória, em tese, quando fundada em quaisquer

das espécies normativas previstas no seu art. 59, conforme comentamos anteriormente. Insere-se em tal âmbito, também, as Súmulas Vinculantes, tendo em vista a imperatividade que lhes confere a CF, art. 103-A, resultante da EC 45/2004, embora difícil ocorrer, concretamente, tal hipótese, porque a inobservância de Súmula de tal natureza enseja reclamação ao STF, visando restaurar a sua cogência; todavia, em tese, como tal Súmula equipara-se a lei, sua violação poderia justificar rescisória, também.

O advento da Lei nº 13.256, de 04/02/2016, acrescentando ao art. 966, do NCPC, os parágrafos §§ 5º e 6º, ampliou o espectro da rescisória, ao admiti-la, em tese, fundada no inciso V, quando a decisão rescindenda tiver afrontado enunciado de súmula ou acórdão proferido no julgamento de casos repetitivos, o que reforça o entendimento segundo o qual "violar manifestamente norma jurídica" é mais abrangente do que "violar literal disposição de lei", o que revela ser o permissivo do art. 966, do NCPC, mais abrangente do que o seu correspondente do CPC/73.

No § 24. – sob o título "Violação de regra jurídica, onde está pressuposto suficiente da rescindibilidade" –, o insuperável jurista, saudoso PONTES DE MIRANDA, no seu "Tratado da Ação Rescisória", Editora Bookseller, atualizado pelo professor Vilson Rodrigues Alves, 1ª edição, pág. 265 e seguintes, bem esclarece o alcance do inciso V, consignando, à p. 267/268:

> "Quanto à 'literal disposição de lei', que está no art. 485, V, temos sempre mostrado que não se pode acolher opinião apegada ao adjetivo. Letra, literal, está aí, como expresso, revelado. O art. 4º da Lei de Introdução ao Código Civil não pode ser postergado: 'Quando a lei for omissa, o juiz decidirá o caso de acordo com a analogia, os costumes e os princípios gerais de direito'. Dizer-se que, ao sentenciar, invocando costume ou princípio geral de direito, o juiz, que o ofende, apenas erra *in procedendo*, é erradíssimo. Sentenças proferidas contra algum costume, que se aponta como existente, escritível ou já escrito ('literal'), ou contra algum princípio geral de direito, ou contra o que, por analogia, se havia de considerar regra jurídica, são sentenças rescindíveis. Ao juiz da ação rescisória é que cabe dizer se existe ou não existe a regra de direito consuetudinário, ou o princípio geral de direito ou a regra jurídica analógica. Se o juízo rescindente se encontra diante de opiniões divergentes quanto a regra jurídica de costume, ou a interpretação por analogia, ou determinado princípio geral de direito, ele é que *tem* de dizer qual a opinião que é a verdadeira, salvo se há imposição legal da observância de alguma atitude assumida pelo Supremo Tribunal Federal, pelo Superior Tribunal de Justiça ou por outro tribunal. Em princípio, a jurisprudência dominante é a que se há de obedecer. Nos arts. 476-479 do Código de Processo Civil tem-se por fito

a uniformização da jurisprudência. No julgamento da ação rescisória, como das outras ações, reconhecida a divergência entre os juízes, lavra-se o acordão, vão os autos ao presidente do tribunal, que designa a sessão de julgamento. O tribunal, reconhecendo a divergência, dá a interpretação a ser observada e cada juiz emite o seu voto em exposição fundamentada. É sempre ouvido o chefe do Ministério Público. O julgamento, por voto da maioria absoluta dos membros, é objeto de súmula e constitui 'precedente' na uniformização da jurisprudência. Os regimentos internos têm de dispor sobre a publicação, no órgão oficial, das súmulas de jurisprudência predominante. ".

No mesmo sentido, conforme jurisprudência, precedente, dentre outros:

"Processual Civil. Ação rescisória. Cabimento. Correção monetária. Termo a quo. Incidência a partir da data em que foi procedido o indevido expurgo do índice inflacionário do mês de janeiro do ano de 1989. IPC. Plano verão. Lei n. 6.899/91. Princípio geral do direito que veda o enriquecimento sem justa causa. Art. 485, inciso V, do CPC.

- A expressão "violar literal disposição de lei", contida no inciso V do art. 485 do CPC deve ser compreendida como violação do direito em tese, e abrange tanto o texto estrito do preceito legal, como a idéia de manutenção da integridade do ordenamento jurídico que não se consubstancie, numa determinada norma legal, mas que dela possa ser extraída, a exemplo dos princípios gerais do direito.

- A adoção de critério de correção monetária deve observar, como termo inicial, a data em que o índice oficial foi expurgado, indevidamente, qual seja, no caso concreto, o IPC, a partir do mês de janeiro do ano de 1989, e, assim, recompor o patrimônio do poupador. (REsp 329.267/RS, Rel. Ministra NANCY ANDRIGHI, TERCEIRA TURMA, julgado em 26/08/2002, DJ 14/10/2002, p. 225)"

Como se sabe, hodiernamente, os princípios jurídicos ou gerais de Direito, art. 4º da LINDB, máxime aqueles ancorados na própria CF, ostentam relevância ímpar, de tal modo que sua violação, conforme o caso concreto, será mais agressiva ao sistema jurídico do que a vulneração, estritamente considerada, de uma norma ou regra infraconstitucional. É nesse sentido que deve ser, em nossa ótica, a compreensão do sempre atual magistério do professor Pontes de Miranda.

O alcance das inovações trazidas pelo art. 966, substituindo, no seu *caput*, a expressão sentença, do art. 485, por decisão, e no inciso V "violar literal disposição de lei" por "violar manifestamente norma jurídica", encerram alterações que haverão de receber da doutrina especializada, e sobretudo da jurisprudência, seu exato alcance jurídico para não se dizer que, no ponto, o NCPC teria, apenas, proposto a troca de "seis por meia dúzia". Certamente não foi este o propósito do legislador processual. Há, evidentemente, um *plus* em tais inovações.

A seguir, por sua pertinência, apresentamos considerações feitas pelo segundo autor, Poul Erik, em artigo específico para o âmbito tributário, abordando a boa-fé objetiva, cujos princípios ali invocados, estendem-se, em sua compreensão, a outros ramos do Direito, quando aborda o que denominou de "PAUTA AXIOLÓGICA".

> "Adverte Eros Roberto Grau que 'a interpretação é atividade que se presta a transformar disposições (textos, enunciados) em normas; é meio de expressão dos conteúdos normativos das disposições, meio através do qual o juiz desvenda as normas contidas nas disposições (Zagrebelsky, 1990/68 e ss. E Grau 1995/5-7,1997/55 e ss e 1998/65 e ss)', e prossegue 'por isso as normas resultam da interpretação. O intérprete dotado de poder suficiente para assim criar as normas, a partir delas construindo, em cada caso, a norma de decisão, é o intérprete autêntico no sentido conferido a essa expressão por Kelsen (1979/469 e ss) – isso é fundamentalmente, o juiz. ', e arremata 'não obstante, também os que não preenchem os requisitos do intérprete autêntico (os que não são juízes) interpretamos/aplicamos o direito até o momento anterior à norma de decisão' (destaques no original).
>
> As disposições são dotadas, no dizer de Kelsen, de uma moldura, da qual se pode inferir um conjunto de normas, cabendo ao exegeta escolher dentre as possíveis a mais própria ou 'adequada', na medida em que 'a norma não é objeto de demonstração, mas de justificação' (Grau), o que se coaduna v.g. com a Carta da República de 1988, artigo 93, IX, quando, em relação aos julgamentos judiciais, a fortiori em sentido lato administrativos, esta impõe que as decisões sejam fundamentadas.
>
> Distingue-se, portanto, o texto e a norma, sendo aquele o seu aspecto denotativo, sua exteriorização, sua forma, enquanto esta corresponde ao ângulo conotativo, sua essência, a substância, que é o que se intenta, afinal, aplicar no caso concreto, como diretriz estabelecida pelo ordenamento jurídico, orientado por seus valores, atendidas às exigências do bem comum.
>
> Do texto pode 'o exegeta, em princípio, extrair diversas normas – de cunho, subjetivo, ou objetivo, – na razão direta em que se' faça uma opção, dentre as exegeses possíveis, norteadas pela ideologia social – conjunto de idéias, princípios, valores, entendidos como ideais, que refletem uma determinada sociedade, em dado momento temporal,

e espacial – e 'não pessoal, sob pena, neste último caso, de se sobrepor, afinal, à vontade coletiva, com risco aos direitos individuais e coletivos.

Antes de adentrar a distinção entre norma subjetiva, e objetiva, cabe reforçar a idéia de que o caráter axiológico permeia a construção da norma, invocando-se o escólio de Carlos Maximiliano "se é certo que o juiz deve buscar o verdadeiro sentido e alcance do texto, todavia este alcance e aquele sentido não podem estar em desacordo com o fim colimado pela legislação – o bem social', e prossegue: 'opte-se na dúvida pelo sentido mais consentâneo com as exigências da vida em coletividade e o desenvolvimento cultural de um povo; atenda-se também à praticabilidade do Direito.'.

Corroborando a assertiva de que a identificação da norma é permeada por um viés axiológico, – nem poderia ser diferente, especialmente no diálogo pós-positivista (*rectius* não positivista) entre o Direito e a Ética, sendo o texto apenas um ponto de partida, para a busca dos valores que a mesma se destina a servir – , cabe colacionar o asseverado pelo Superior Tribunal de Justiça (RHC 5454, DJ 17/02/97). 'O Direito, com efeito, é norma e fato (valorados). A experiência jurídica fornece assim, o grande material para o juiz. Não é difícil explicar e compreender as divergências dos tribunais são, fundamentalmente, ideológicas." (sem destaques no original).".

No item 5, edição anterior, abordamos a aplicabilidade ou não da Súmula 343, do STF, em rescisórias, quando a divergência ocorre ou ocorreu, no âmbito da própria jurisprudência da Suprema Corte, vindo tal questão a ser superada, recentemente, por seu Plenário, que sufragou uma das duas correntes interpretativas até então adotadas. A decisão rescindenda, contudo, harmoniza-se com a inteligência que restou vencida no Pleno. Em tal circunstância se aplicariam as Súmulas 343/STF e 134/TFR? O entendimento preponderante, como já assinalado no item 5 da anterior edição, era no sentido da sua não-aplicação, embora a nossa modesta conclusão à época tenha sido no sentido positivo, ou seja, pela aplicação de tais enunciados. Recentemente, ao julgar o RE 590.809/RS, sob o regime de repercussão geral, tema nº 136, cujo relator foi o em. Ministro MARCO AURÉLIO, proferiu denso voto, com a adesão majoritária dos seus Pares, tendo o Plenário do STF dirimido tal controvérsia no sentido da aplicabilidade de referido verbete.

Lembre-se que incide, a partir desse julgamento, a regra contida no art. 543-B, § 3º, do CPC/73, pois a matéria foi julgada sob a égide da repercussão geral. Correspondentemente, o NCPC dispõe a respeito nos seus arts. 1.039 e 1.040. Com o superveniente acórdão, a jurisprudência compendiada nas Súmulas 63 e 27, dos egs. TRFs da 4ª e 3ª regiões, respectivamente, ficaram, de certa forma, mitigadas ou prejudicadas; por outro lado, robusteceu-se a exegese do então eg. TFR, consagrada na Súmula 134, tanto quanto no verbete nº 3 do então eg. 1º TASP. Em síntese, mesmo divergência interpretativa de preceitos da CF, no âmbito ou interior do eg. STF, atrai, conforme precedente, RE 590.809, em regra, a aplicação da sua Súmula 343.

O professor Bernardo Pimentel Souza, insigne processualista, em "Introdução aos Recursos Cíveis e a Ação Rescisória", Ed. Saraiva, 3ª ed., p. 739 e segs., bem analisou a matéria, transcrevendo a nota 1.405, à página 743.

> Nota 1.405 – "Contra a orientação consubstanciada na proposição n. 63, vale a pena noticiar a existência de recente precedente jurisprudencial: AR n. 808/DF, 3ª Seção do STJ, unânime, relator Ministro JOSÉ ARNALDO DA FONSECA, revisor Ministro FERNANDO GONÇALVES, in Diário da Justiça de 18 de junho de 2001. Na oportunidade, os eminentes Ministros prestigiaram tese pioneira defendida pelo insigne Ministro ADHEMAR MACIEL, que merece ser prestigiada. Eis o ensinamento do autorizado Professor: *'O respeito à coisa julgada não pode ficar condicionado a futuro e incerto julgamento do STF sobre a matéria, não tendo o ulterior pronunciamento daquela Corte, ao exercer o controle difuso na estreita via do recurso extraordinário, o condão de possibilitar a desconstituição dos julgados, proferidos pelos tribunais de apelação à luz da jurisprudência prevalecente antes do julgamento proferido pelo STF'*. Remata o eminente Ministro ADHEMAR MACIEL: *'Como qualquer norma jurídica, as regras insertas na Constituição Federal não estão isentas de interpretação divergente, seja por parte da doutrina, seja por parte dos tribunais. Quando isso ocorre, a tese rejeitada pelo STF, ao exercer o controle difuso em recurso extraordinário, não pode ser tida como absurda a ponto de abrir a angusta via da ação rescisória aos insatisfeitos. Para que a ação rescisória fundada no art. 485, V, do CPC prospere, é necessário que a interpretação* dada pelo decisum *rescindendo seja de tal modo aberrante que viole o dispositivo legal em sua literalidade. Se, ao contrário, o acórdão rescindendo elege uma dentre as interpretações cabíveis, ainda que não seja a melhor, a ação rescisória não merece vingar, sob pena de tornar-se um mero 'recurso' com prazo de 'interposição' de dois anos*".
>
> "O vocábulo 'lei' deve ser interpretado em sentido amplo, alcançando a Constituição, as emendas à Constituição, as leis federais, as leis estaduais, as leis municipais, as leis ordinárias, as leis complementares, as leis delegadas, as leis processuais, as leis materiais, as medidas

> provisórias, os decretos, os regulamentos, as resoluções e até mesmo os regimentos internos dos tribunais. ".

Para eventual interpretação restritiva da expressão lei, do inciso V, art. 485, poder-se-ia imaginar a não inclusão de normas da própria CF, à consideração de que lei teria sentido mais restrito, compreensivo apenas da legislação infraconstitucional, levando-se em conta, ainda, que a Súmula 343, repete a mesma expressão, "lei e...texto legal". Seria exegese restritiva que teria levado, quem sabe, a se formar jurisprudência, inclusive do STF, no sentido da inaplicação de tal verbete quando a controvérsia interpretativa o fosse de preceito contido na própria Carta Magna, inclusive no âmbito daquele Excelso Tribunal, isto, até a superveniência do julgamento do RE 590.809/RS, que constituiu valioso precedente a prestigiar e valorizar, como deve ser, a coisa julgada material, robustecendo, igualmente, o expressivo princípio da segurança jurídica, institutos fundamentais em todo e qualquer Estado Democrático de Direito, sem esquecer, ademais, que a nossa Constituição é extremamente prolixa, dispondo sobre inúmeras matérias que encontrariam melhor disciplina em leis ordinárias. Assim, a restrição ao cabimento de rescisória, com base na Súmula 343, quando a decisão rescindenda versasse matéria constitucional, também careceria de razoabilidade, pois, muitas vezes, o nível ou hierarquia constitucional da norma residiria, tão só, no fato da mesma constar do texto constitucional, mas, na substância, não teria referida envergadura. Além disso, e, primordialmente, uma infinidade de decisões ficariam à margem do cabimento de rescisória, embora presentes, em tese, os seus pressupostos, sob o argumento de terem se fundamentado, diretamente, na CF, sabendo-se, como dito, que esta é extremamente prolixa, extensa, sendo difícil afastar a incidência de algum dos seus preceitos das situações concretas, levadas a juízo, cotidianamente. Tais aspectos militam no sentido da inteligência sufragada no julgamento do RE 590.809/RS, assim ementado:

> "AÇÃO RESCISÓRIA VERSUS UNIFORMIZAÇÃO DA JURISPRUDÊNCIA. O Direito possui princípios, institutos, expressões e vocábulos com sentido próprio, não cabendo colar a sinonímia às expressões "ação rescisória" e "uniformização da jurisprudência". AÇÃO RESCISÓRIA – VERBETE Nº 343 DA SÚMULA DO SUPREMO. O Verbete nº 343 da Súmula do Supremo deve de ser observado em situação jurídica na qual, inexistente controle concentrado de constitucionalidade, haja entendimentos diversos sobre o alcance da norma, mormente quando o Supremo tenha sinalizado, num primeiro passo, óptica coincidente com a revelada na decisão rescindenda".

É oportuno observar que a expressão "violar manifestamente norma jurídica", prevista no inciso V, do art. 966, do NCPC, teria abrangência maior, compreendendo as várias espécies normativas, a começar pela mais importante, que é a CF, que sobrepaira no topo da pirâmide legislativa, isto para quem se apegar a uma interpretação formalista, mais literal, do texto processual de 1.973. Pensamos, no entanto, que a nova redação é mais técnica porque evita dúvida quanto ao alcance das várias espécies normativas que, se violadas, manifestamente, poderão ensejar o ajuizamento de ação rescisória; a propósito, no próprio texto constitucional, art. 59, estão descritas as espécies legislativas, além de algumas outras, como o decreto autônomo, que eventualmente podem dar base a tal tipo de ação.

6. FUNDADA EM PROVA FALSA

"VI – se fundar em prova, cuja falsidade tenha sido apurada em processo criminal, ou seja, provada na própria ação rescisória;"

Para a finalidade, prova, aqui, tem acepção ampla. Vale dizer, refere-se à documental, ***à*** oral e à pericial, abrangendo a falsidade material e a ideológica (ver arts. 297, 298 e 299, do Código Penal).

A prova falsa deve ter influído na decisão da causa. Ou seja, caso ela não tivesse existido, a solução da lide teria sido, necessariamente, diversa.

Deve-se observar, entretanto, que se a decisão se baseou, ainda, em outros elementos de convicção por si suficientes, inviabiliza-se a rescisória, a despeito da falsidade daquela prova.

A doutrina preconiza que não se impõe que a falsidade tenha sido suscitada no curso da decisão rescindenda, pois, uma vez reconhecida esta, o tribunal, no novo julgamento, a desconsiderará e julgará a rescisória baseando-se nas demais provas.

É expressivo, a respeito, o Acórdão resultante do julgamento do EDREsp. nº 11.106/SC, relatado pelo em. Ministro Adhemar Maciel, em RSTJ 106/153, com a seguinte:

> "Ementa: Processual civil. Embargos de declaração. Omissão: inexistência. Ação rescisória. Prova falsa. Embargos rejeitados.
>
> - I. Não prospera o recurso de embargos declaratórios se o acórdão embargado apreciou todas as questões suscitadas pelo recorrente.
>
> - II. Quando a decisão rescindenda está apoiada em prova cuja falsidade se demonstra na ação rescisória, o decisum prolatado na ação originária deve ser desconstituído, proferindo-se novo julgamento somente à luz

das provas que não estão eivadas de falsidade ou sob suspeita. A desconstituição do julgado se faz necessária, porque a conclusão do juiz acerca da questão fática está baseada no conjunto probatório como um todo. Se o magistrado tivesse ciência da falsidade de determinada prova, na qual se apoiou para resolver a quaestio facti, poderia ter dado outra solução à causa. Só a falsidade de prova de fato irrelevante para o desate da causa é que não acarreta a rescisão do julgado. Já quando a prova falsa foi importante para a formação do convencimento do juiz, deve-se desconstituir o julgado, ainda que outras provas tenham sido invocadas na decisão rescindenda. O valor dessas será averiguado quando do juízo rescisório – consubstanciado no rejulgamento da causa ou do recurso – por parte do tribunal. Inteligência do art. 485, VI, do CPC."

Aliás, tal proceder – não considerar a prova falsa – está em harmonia com a mens constitucional, pois o art. 5º, LVI, peremptoriamente, veda a utilização processual de prova obtida ilicitamente; a fortiori, tal se aplica, até com maior razão, quando a própria prova é falsa, ou seja, ilícita (ver também art. 332/CPC).

O inciso em apreço traz como requisito que o falsum tenha sido verificado em processo criminal, vale dizer, com decisão passada em julgado, ou que se demonstre, no curso da própria ação rescisória, a sua ocorrência, podendo o relator, no tribunal, colher a prova, diretamente, ou delegar a sua colheita ao juízo de primeiro grau, através de carta de ordem ou, se for o caso, carta precatória ou, até mesmo, carta rogatória (201 2 – CPC).

O falso, embora haja controvérsia, pode ser apurado previamente no juízo cível, quer em ação declaratória (art. 4º, II, CPC), quer em incidente de falsidade (art. 395), sendo oportuno anotar que só aquele cujo material seja suscetível de tal apuração (RT 616/62).

No tocante à distribuição do ônus probatório, subsiste a normatividade do CPC, art. 333 (RSTJ 14/30 e 26/504).

6.1. VI – for fundada em prova cuja falsidade tenha sido apurada em processo criminal ou venha a ser demonstrada na própria ação rescisória;

Com outra redação, reproduziu-se, aí, o correspondente inciso do art. 485/73; logo, permanecem íntegros os comentários feitos conforme item 6 da anterior edição, lembrando, em substituição aos arts. 4º, II, 332, 395 e 333, daquele código, os arts. 19, 369, 373,430 e segs., do NCPC.

7. OCORRÊNCIA DE DOCUMENTO NOVO

"VII – depois da sentença, o autor obtiver documento novo, cuja existência ignorava, ou de que não pôde fazer uso, capaz, por si só, de lhe assegurar pronunciamento favorável;"

Por documento deve-se entender não só o escrito, com força probante, mas, também, amplamente, conforme ensina o prof. Moacyr Amaral Santos:

> "...toda e qualquer representação material destinada a reproduzir duradoiramente uma representação do pensamento" (Prova judiciária no cível e comercial, 5ª ed., São Paulo, Saraiva, 1983, vol. 1, p. 77).

Não se enquadrando, à vista do exposto, *v.g.*, como documento, acórdãos antigos de Tribunais (STF, MS n° 25.270, DJ de 03.08.2007).

Ao julgar a AR n° 115-SP, a 1a Seção do STJ, unanimemente, em Acórdão relatado pelo em. Ministro Vicente Cernicchiaro, decidiu:

> "Ementa: Ação rescisória. Documento novo. Documento novo para efeito da ação rescisória significa a prova instrumental, cuja existência o autor, na ação anterior, ignorava ou de que não pôde fazer uso, capaz, por si só, de lhe assegurar pronunciamento favorável (CPC, art. 485, VII). Não satisfaz tais requisitos o documento que o autor da rescisória considerava irrelevante."

Novo significa que só agora a parte teve acesso a ele; a sua obtenção ou descoberta, conforme o caso, que for realizada posteriormente ao trânsito em julgado da decisão rescindenda, pois, em caso contrário, incidirá a norma inscrita no art. 517 do CPC, na medida em que competiria à parte interessada carrear o documento aos autos, ainda na fase de conhecimento nas instâncias ordinárias, não podendo esta, posteriormente, se beneficiar de sua incúria.

Devem estar reunidas três condições, portanto, para que se configure a incidência deste permissivo legal, a saber:

> a) obtenção de documento já existente à época da decisão rescindenda;
>
> b) ignorância (RSTJ 3/682 e 9/17) do autor da rescisória, a seu respeito, ou impossibilidade do seu uso até o momento processual adequado (STJ, AR n° 3.444, DJ de 27.08.2007), afastando-se o uso quando ocorre desídia do interessado (STJ, AJ n° 563.593, DJ de 08.11.2004);
>
> c) o documento deve ser bastante, suficiente e relevante (RSTJ 11/25) para alterar o resultado, mesmo que parcial, de forma favorável ao autor (STJ, AR n° 719-SP, relator em. Ministro Fernando Gonçalves, 3ª Seção, m.v., julgamento em 14.04.99).

O min. Luiz Fux (in *Curso de direito processual civil.* 1ª ed. Rio de Janeiro: Forense, 2001, p. 740) verbera:

> "A presente causa de rescindibilidade exige que o documento refira-se a fato influente, decisivo e não tenha sido utilizado por fato alheio à vontade do autor da rescisória.

O documento novo é admissível, uma vez, através dele, o autor irá demonstrar o desvio de rota da sentença pelo fato de o mesmo não ter sido exibido."

Por sua eqüidade e pertinência, veja-se o seguinte acórdão unânime, 3ª Seção do eg. STJ, resultante do julgamento da AR n° 1.086-MS, relatado pelo em. Ministro Edson Vidigal, publicado no DJU de 04.12.2000, p. 52, com a seguinte:

"Ementa: Processual civil. Ação rescisória. Rurícola. Aposentadoria por idade. Início razoável de prova material. Documento novo. CPC, art. 485, VII. Solução pro mísero.

1. O documento novo que justifica a propositura da ação rescisória com base no CPC, art. 485, VII, é aquele que, já existente à época da decisão rescindenda, era ignorado pelo autor ou do qual não se podia fazer uso, até o momento em que era lícito utilizá-lo.

2. A ignorância a que se refere o dispositivo é aquela em relação à própria pessoa à qual seja lícito o uso do documento, e não a ignorância objetiva, tomada em confronto com o homem médio; nesse contexto, conforme precedentes desta Terceira Seção, 'no caso específico do rurícola (bóia-fria), em virtude de suas desiguais e até mesmo desumanas condições de vida e de cultura, autoriza-se inferir, dado os percalços encontrados na busca, não obstante a existência do documento quando do ajuizamento da ação (...) que sua existência era ignorada até mesmo em função das adversas condições de cultura' (AR n° 718/SP, rel. p/Acórdão min. Fernando Gonçalves, DJ 14.02.2000).

3. A valoração da prova testemunhal quanto à atividade que se busca reconhecer é válida se apoiada em início razoável de prova material, assim considerado o certificado de tratorista, do qual consta expressamente a profissão de lavrador do marido da requerente. Precedentes deste STJ.

4. Ação Rescisória julgada procedente."

A jurisprudência vem entendendo que não ingressam no conceito de documento novo atos administrativos normativos, nem os depositados em registros públicos (RSTJ 19/83 e 26/ 504); todavia, deve-se ressalvar que só será documento novo aquele extraído de assentos públicos em que tenha ocorrido dificuldade de acesso ao mesmo, pela parte, devendo esta, no entanto, demonstrar a ocorrência de tais obstáculos (RSTJ 74/230).

7.1. VII – obtiver o autor, posteriormente ao trânsito em julgado, prova nova cuja existência ignorava ou de que não pôde fazer uso, capaz, por si só, de lhe assegurar pronunciamento favorável;

Comparando-se com o inciso correspondente do art. 485, a inovação consiste no momento de obtenção de tal prova, que deverá, sob o novo

permissivo, ocorrer "após o trânsito em julgado" e, além disso, tal não se restringe a "documento", como previsto na regra do CPC/73, mas, sim, a outra espécie probatória, até então ignorada pela parte ou da qual a mesma não pôde utilizar-se, por razão substancial. Houve, como se nota, elasticidade da norma ao permitir a utilização não só de documento novo, mas, além deste, de outra espécie de prova nova, atendidas as exigências do preceito. Na interpretação do que seja "prova nova", a doutrina e a jurisprudência haverão de dizer quais as espécies probatórias que se inserem em tal conceito, sendo certo que tal deverá ser, para nós, restritivo, muito limitado, considerando-se a exceção que é a tônica da rescisória, que não deve, para o bem social, ser fragilizada, prodigalizada.

8. QUANDO HOUVER FUNDAMENTO PARA INVALIDAR CONFISSÃO, DESISTÊNCIA OU TRANSAÇÃO, NA QUAL TENHA SE EMBASADO A SENTENÇA

"VIII – houver fundamento para invalidar confissão, desistência ou transação, em que se baseou a sentença;"

Esta figura processual congraça três institutos distintos:

a) confissão – que tem a sua definição inscrita no art. 348, do CPC, que diz: "Há confissão, quando a parte admite a verdade de um fato, contrário ao seu interesse e favorável ao adversário. A confissão é judicial ou extrajudicial" e em seu art. 352, II e respectivo parágrafo único, que prescrevem:

> "A confissão, quando emanar de erro, dolo ou coação, pode ser revogada:
>
> (...)
>
> II – por ação rescisória, depois de transitada em julgado a sentença, da qual constituir o único fundamento.
>
> Parágrafo único – Cabe ao confitente o direito de propor a ação, nos casos de que trata este artigo; mas, uma vez iniciada, passa aos seus herdeiros."

A jurisprudência vem, outrossim, inserindo no alcance de tal figura também o reconhecimento de procedência do pedido pelo réu (art. 269, II do CPC).

Adverte, contudo, que a rescisória, nessa hipótese, só se mostra adequada quando o reconhecimento for em sede de jurisdição contenciosa, uma vez que, na voluntária, a medida própria para desconstituir a decisão seria, como é, a ação anulatória (STJ, 4a T., REsp. n° 13.102, relator em. Ministro Athos Gusmão Carneiro, julg. 02.02.93, DJU de 08.03.93, p. 3.119);

b) desistência – assinale-se, inicialmente, que, pelo art. 267, VIII do CPC, a sua manifestação determina a extinção do processo sem julgamento do mérito, o que se mostra incongruente com a possibilidade do ajuizamento de pleito rescisório, pois esta, normalmente, pressupõe decisão de mérito, aquela que põe fim ao processo definindo a lide (art. 468 do CPC). Logo, esta é a hipótese tratada no art. 269, V do CPC, que diz:

> "Extingue-se o processo com julgamento de mérito: (...)
>
> V – quando o autor renunciar ao direito sobre que se funda a ação." (RTFR 108/06)

Usualmente, se configura tal situação quando ocorre a chamada desistência da ação condicionadamente; ou seja, o autor manifesta a sua vontade de desistir, porém, subordinando-a a determinados pressupostos ou exigências, a cargo da parte contrária; caso esta aquiesça, ocorrerá a extinção do processo com a homologação da mesma.

Supervenientemente, uma das partes verifica que houve um vício essencial a macular aquela manifestação de vontade (p. ex.: erro, dolo, coação), surgindo daí a possibilidade, em tese, de se postular, na rescisória, a desconstituição da respectiva decisão homologatória, desfazendo-se, em caso positivo, a própria desistência (rectius, renúncia ao direito).

c) transação – trata-se de uma figura jurídica que conduz à extinção das obrigações mediante concessões recíprocas, visando a prevenir ou terminar litígios (CC, arts. 1.025 e segs.).

Há que se chamar a atenção a que esta forma extintiva de obrigações, para ensejar o pedido rescisório, pressupõe que tal tenha ocorrido no âmbito de um procedimento de jurisdição contenciosa; se na esfera da jurisdição voluntária, dará margem à ação anulatória prevista no art. 486/CPC (RSTJ 4/1537 e 19/367).

8.1. O inciso VIII, do art. 485, não tem correspondente específico no NCPC.

9. EM AÇÃO DE INVENTÁRIO, NA SENTENÇA QUE JULGOU PARTILHA (ART. 1.030, CPC)

Pela similitude, cabe referir desde logo o art. 1.030 do CPC, o qual prevê a rescindibilidade da sentença que julga a partilha em ação de inventário, consagrando que, na ocorrência de coação, erro ou dolo, poderá o interessado ajuizar essa ação objetivando desconstituir a partilha levada a efeito (RTJ 103/706).

> "Ação de anulação de inventário e partilha.
>
> Agravo de instrumento contra despacho saneador que rejeitou preliminares.

Incompetência absoluta do juízo – insuscetível de apreciação na instância extraordinária (Súmula 280).

Ilegitimidade ativa de parte – matéria de prova -sepultada na apelação.

Prescrição – Apreciação no despacho saneador. Inocorrência de violação dos artigos invocados do Código de Processo Civil.

Prazo prescricional. Discussão no STF. No caso, inocorrência de prescrição.

Recurso extraordinário não conhecido."

Caso se trate, no entanto, de sentença homologatória de partilha amigável, nos termos do art. 1.029, parágrafo único, do CPC, caberá ação anulatória, cujo prazo prescricional é de um ano, cujos termos iniciais serão:

a) no caso de coação, do dia em que ela cessou;

b) erro ou dolo, do dia em que se realizou o ato;

c) e, se se tratar de incapaz, do dia em que cessar a sua incapacidade (incs. I, II e III).

Acentue-se, finalmente, que se impõe relação de causa e efeito entre a confissão, desistência ou transação viciada e o resultado da demanda, de tal modo que este decorreu, exclusivamente, da consideração de uma das três figuras, para acolher ou rejeitá-la.

10. SENTENÇA FUNDADA EM ERRO DE FATO

"IX – fundada em erro de fato, resultante de atos ou de documentos da causa."

Numa interpretação autêntica, o § 1º dispõe:

"Há erro, quando a sentença admitir um fato inexistente, ou quando considerar inexistente um fato efetivamente ocorrido."

Acrescentando o § 2º que:

"É indispensável, num como noutro caso, que não tenha havido controvérsia, nem pronunciamento judicial sobre o fato."

O vocábulo erro indica a falsa consciência sobre determinada realidade, podendo o intérprete, a partir dessa falsa apreensão da mesma, concluir quer pela existência, quer pela inexistência da configuração de uma situação fática, tendo esta sido decisiva para o desfecho da causa (RTJ 136/55).

Não é suficiente, sob essa perspectiva, a errônea interpretação do fato, vale dizer, a má apreciação da prova, sendo razoável presumir-se que, se o juiz houvesse atentado para aquela prova, não teria julgado daquela forma.

Da conjugação dos §§ 1º e 2º, que são pertinentes apenas ao inc. IX, o que a lei considera indispensável, em síntese, é que não tenha havido pronunciamento jurisdicional sobre o fato, por si relevante, para a solução da causa, mesmo que controvertido entre as partes (STJ, AR nº 97, DJ de 15.10.90), o que afasta ipso jure a possibilidade de reexame do acervo probatório (STF, AR nº 973, DJ de 30.04.92), devendo "o erro emergir do simples confronto entre as declarações da sentença e os atos e documentos da causa" (TRF/4ºR, AR nº 2001.04.01.086875-0/RJ, STJ, AR nº 1950, DJ de 01.12.2003), afastado o erro de fato, portanto, quando "o juiz apreciando as provas e fatos do processo deu-lhes a qualificação jurídica que lhe pareceu acertada" (STJ, AgRg AI nº 588.649, DJ de 01.08.2005), pelo que incabível a produção de provas nesse contexto (STF, AR nº 1.607, DJ de 29.09.2006), sim, tão-somente, a demonstração de que "seria razoável presumir que, se houvesse atentado na prova, o juiz não teria julgado no sentido em que julgou" (STJ, AR nº 695, DJ de 07.08.2006), a indicar a ocorrência, não de error in procedendo, e sim de error in judicando (STJ, AR nº 2.940, DJ de 02.02.2004).

Na rescisão calcada exclusivamente nesse permissivo, o tribunal realiza mera releitura, reavaliação das provas já existentes nos autos da decisão rescindenda, para, a partir de outro exame, verificar não só se ocorreu o erro de fato, como, ainda, em caso positivo, extrair daí a solução que considerar a mais adequada, mesmo porque pode ocorrer o erro e, não obstante, ser mantida a decisão rescindenda. Em conseqüência, na rescisória aqui analisada, as únicas provas consistem naquelas já existentes nos autos originais, não havendo espaço para a produção de novas provas (RTJ 132/1.119 e 147/89).

O STJ vem apontando a necessidade da presença de três requisitos cumulativos para o pleito rescisório, fulcrado na norma em apreço:

> "a) o erro ter sido causa eficiente do desvio que resultou em nulidade;
>
> b) a demonstração do erro deve ser feita somente com peças que instruíram o processo originário;
>
> c) não ter havido discussão em torno do fato sobre o qual incidiu o erro" (RSTJ 81/33).

Naturalmente, o erro tanto pode se referir a uma ação quanto a uma omissão, desde que tenha relação de causa e efeito com a decisão principal. Por outro lado, onde se fala em discussão, compreende-se a ausência de pronunciamento judicial sobre aquele fato relevante, oriundo do erro.

A jurisprudência tem apontado, dentre outros casos, que a configura, por exemplo, a desconsideração de certidão de tempestividade de recurso (RSTJ 14/25); certidão de casamento não considerada quando do julgamento do

REsp., atestando a condição de rurícola da recorrida, "...sendo razoável presumir que se a Turma houvesse atentado nessa prova não teria julgado no sentido em que julgou. Erro de fato que, nos termos do art. 485, inc. IX, do CPC, autoriza a rescisão do acórdão" (AR n° 948/SP – DJU de 29.05.2000 – 3a Seção – rel. em. min. Felix Fischer).

A leitura dos §§ 1° e 2° revelam a existência de verdadeiro antagonismo entre ambos. Tal aspecto foi abordado proficientemente pelo em. Ministro Ruy Rosado de Aguiar, em voto, por ocasião do julgamento do REsp. n° 57.501/RS, 4ª Turma, unânime, em RSTJ 84/259 e segs., restando com a seguinte:

> "Ementa: Ação rescisória. Erro de fato.
>
> Admitido sem controvérsia fato que os autos evidenciam inexistente, ou julgado inexistente fato que evidentemente existiu, cabe a rescisória fundada no inc. IX, embora constando esse enunciado da sentença, pois tal pronunciamento é indispensável para o reconhecimento da existência do erro como um fato do processo, e não como simples estado da consciência do juiz. O que a lei considera imprescindível é que não tenha havido pronunciamento judicial a respeito da controvérsia sobre ponto relevante para a solução da causa."

E

> "Voto
>
> O Sr. Ministro Ruy Rosado de Aguiar (Relator): Na interpretação do § 2° do art. 485 do CPC, a primeira conclusão que retiro do texto é a de tratar-se de equivocada transposição da regra inserida no art. 395, § 4°, do Código de Processo Italiano, que admite a ação rescisória 'se a sentença é efeito de um erro de fato resultante (emergente) dos atos ou documentos da causa. Há este erro quando a decisão é fundada sobre a suposição de um fato cuja verdade é incontrastavelmente excluída, ou quando é suposta a inexistência de um fato cuja verdade é positivamente estabelecida e, num e noutro caso, se o fato não constitui ponto controverso sobre o qual a sentença teve de pronunciar-se'. A redação dada à nossa lei reuniu de forma incompatível duas idéias ordenadamente contidas na parte final da lei italiana, acrescentando ao requisito da inexistência de controvérsia o de inexistência de pronunciamento judicial, o que gera insuperável dificuldade. Se houve erro judicial, ele se manifestou na sentença; havendo tal manifestação, seria incabível a rescisória, o que significa contradição nos próprios termos.
>
> Como o erro é um estado de consciência do sujeito, o erro do juiz no julgamento somente se externa se ele é de algum modo expresso na sentença. Se não for assim, ele não aparece e seria realmente estranho que

se admitisse a rescisão de sentença por erro que se supõe tenha ocorrido na consciência do juiz, excluindo-se a rescisão quando ele é manifestado claramente na sentença. A dificuldade já fora constatada quando da elaboração legislativa, conforme nos refere o min. Sydney Sanches, no seu excelente artigo 'Da ação rescisória sobre erro de fato' (For. 260/65), provocando emendas ao projeto, com as seguintes justificativas: 'De fato, diz o projeto que há erro quando a sentença admitiu um fato que não existiu, ou considerou inexistente o que efetivamente ocorreu. Portanto, houve pronunciamento judicial sobre o fato. Como, pois, impor a condição de não ter havido controvérsia nem pronunciamento judicial sobre o fato? A contradição nos parece flagrante'... 'O erro de que aí se trata é erro de fato, porque a sentença ou admitiu um fato existente ou o considerou não existente, assim errando. A disposição é contraditória, já que, no parágrafo único, exige que a sentença não se pronuncie sobre o fato.'

Para superar o impasse, a douta maioria do acórdão que julgou a ação, no Grupo de Câmaras Cíveis, acolheu a lição do insigne Barbosa Moreira, para quem 'deve tratar-se, pois, de uma questão não resolvida pelo juiz – ou, consoante às vezes se diz, com fórmula criticável – de uma questão apenas implicitamente resolvida'... 'O que precisa haver é a incompatibilidade lógica entre a conclusão enunciada no dispositivo da sentença e a existência ou inexistência do fato, uma ou outra provada nos autos, mas não colhida pela percepção do juiz, que, ao decidir, pura e simplesmente, saltou por sobre o ponto, sem feri-lo' (Comentários, V/129). Essa solução, que contorna o problema lógico, não se ajusta aos fatos do foro, onde não se encontra um processo a que possa ser aplicada.

Por isso, a melhor interpretação está proposta pelo min. Sydney Sanches, no trabalho já citado: 'De tudo o que se expôs se pode extrair o seguinte: se não houve controvérsia e, apesar disso, o juiz afirmou a existência de um fato inocorrido ou a inocorrência de um fato acontecido, na verdade não apreciou questão de fato suscitada pelas partes. E se errou e se esse erro influi decisivamente na sentença, e se pode ser constatado prima facie, pelo simples exame dos autos em que proferida, pode ela ser rescindida, com base no n° IX do art. 485' (op. cit, p. 76).

Na verdade, o que não pode existir é uma controvérsia sobre o ponto, a respeito da qual haja pronunciamento na sentença, pois tanto poderia constituir error in iudicando, reformável por outros fundamentos, mas não erro de fato. Se o ponto é objeto de controvérsia, nos termos propostos por Luís Eulálio Vidigal ('não basta, porém, a simples impugnação do fato por uma das partes. É preciso que haja verdadeiro debate contraditório entre ambas' – Comentários ao CPC, RT, VI/151), fica excluída a rescisória por esse fundamento. Mas, admitido sem controvérsia fato que os autos evidenciam inexistente, ou julgado inexistente fato que evidentemente existiu, cabe a rescisória fundada no inc. IX, embora constando essa asserção da sentença, mesmo porque tal pronunciamento é indispensável para o reconhecimento da existência do erro como um fato do processo, e não como simples estado da consciência do juiz. O que a lei considera imprescindível, em suma, é que não tenha havido pronunciamento judicial sobre o fato da controvérsia a respeito de ponto relevante para a solução da causa.

Na espécie, não houve controvérsia sobre a data-base das cadernetas de poupança dos autores da ação rescisória, incidindo o acórdão em erro de fato ao afirmá-la posterior a 15 de janeiro, quando emerge da documentação constante dos autos que a data inicial dos depósitos é anterior.

Isto posto, não conheço do recurso."

10.1. VIII – for fundada em erro de fato verificável do exame dos autos.

§ 1º Há erro de fato quando a decisão rescindenda admitir fato inexistente ou quando considerar inexistente fato efetivamente ocorrido, sendo indispensável, em ambos os casos, que o fato não represente ponto controvertido sobre o qual o juiz deveria ter se pronunciado.

Os comentários expostos no item 10, da anterior edição, relativos ao símile, art. 485, IX, persistem aplicáveis. O inciso VIII em apreço, está redigido de forma mais precisa, com o emprego do adjetivo – verificável –, referindo-se ao erro de fato, que deve resultar do exame dos autos.

No §1º, inovou-se, fundindo os dois parágrafos do inciso correspondente, no CPC/73, em apenas um, encerrando maior clareza e precisão conceitual, embora carente, também, de interpretação, tal como acentuado pelo Ministro RUY ROSADO DE AGUIAR, no RESP 57501/RS, transcrito sob o número 10 *retro*. De qualquer modo, o novo permissivo rescisório ficou mais claro e objetivo.

O § 2º, I e II, do art. 966, encerram novidade e já foram comentados anteriormente.

O § 4º, prescreve: "Os atos de disposição de direitos, praticados pelas partes ou por outros participantes do processo e homologados pelo juízo, bem como os atos homologatórios praticados no curso da execução, estão sujeitos à anulação, nos termos da lei. ".

Este parágrafo corresponde à previsão ínsita no art. 486, do CPC/73.

Os comentários que fizemos a esse artigo, no item 2, do Capítulo VI, da anterior edição, continuam, em regra, válidos.

O novo permissivo tem redação mais técnica, utilizando-se, por exemplo, em lugar de "rescindidos" a expressão "anulação", que será o propósito da respectiva ação anulatória, valendo reportar-se aqui, por exemplo, aos arts. 166 e 171, do Código Civil.

É importante registrar a previsão –novidade – do cabimento de rescisória, se se fizerem presentes os pressupostos dos §§ 15 e 8º, dos arts. 525 e 535, respectivamente, do NCPC, o que comentaremos à frente, registrando que no art. 966 e seguintes, locus específico da ação em exame, o legislador nada mencionou, a propósito.

Capítulo III

DA LEGITIMIDADE E DA COMPETÊNCIA

1. DA LEGITIMIDADE

> "Art. 487 – Tem legitimidade para propor a ação: I – quem foi parte no processo ou o seu sucessor a título universal ou singular;"

Este dispositivo cuida da pertinência subjetiva para o ajuizamento da rescisória, reconhecendo, em sua primeira parte, em sintonia com o art. 472, do mesmo Código, que a pessoa que postulou e aquela contra a qual foi postulada a tutela jurisdicional (autor e réu) é que têm legitimidade ativa e/ou passiva para esta ação.

Em outros termos, na dicção do Superior Tribunal de Justiça, "na ação rescisória é indispensável a citação de todas as partes que figuraram no pólo ativo da ação originária cujo julgado se pretenda desconstituir" (STJ, AR n° 505, DJ de 13.10.2003), pois são considerados litisconsortes passivos necessários na ação rescisória do respectivo julgado (STJ, AR n° 3.282, DJ de 21.05.2007), e, "uma vez decorrido o prazo decadencial para a propositura da ação rescisória contra qualquer dos litisconsortes passivos necessários, é impossível a regularização da relação processual nos termos do art. 47 do CPC (STJ, AgRg AR n° 3.070, DJ de 02.04.2007).

A segunda parte do inciso confere ao sucessor, universal ou singular, igual legitimidade.

Conforme o art. 43/CPC, entende-se por sucessor universal aquele que assume, em decorrência da morte, o ativo e o passivo do autor da herança; em relação à pessoa jurídica o fenômeno também se apresenta, por exemplo, nas hipóteses dos arts. 133 e 134, do CTN.

A sucessão, por sua vez, a título singular, vem regrada, basicamente, no art. 43, do CPC. A mesma se aperfeiçoa quando o bem litigioso é alienado, a título oneroso ou gratuito, à terceira pessoa, habilitando-se esta, uma vez transitada em julgado, a postular a sua rescisão.

O STJ vem alargando o conteúdo desse inciso para incluir, em seu âmbito, a figura dos substituídos processuais, ou seja, aqueles que têm o seu direito defendido por terceira pessoa denominada substituto processual, a teor do art. 6°/CPC (STJ, REsp. n° 10.220 – relator o em. Ministro Sálvio de Figueiredo Teixeira, 4a T, un., DJU de 03.08.92), a saber:

> "Processo civil. Recurso especial. Prequestionamento. Imprescindibilidade. Matéria probatória. Inviabilidade. Rescisória. Terceiro. Pressuposto do interesse jurídico. Recurso desacolhido.
>
> I. Para o conhecimento do recurso especial, impõe-se o prequestionamento.
>
> II. A via do recurso especial não autoriza o exame de matéria de prova.
>
> III. Segundo escorreita doutrina, 'tem interesse para a ação rescisória ou o terceiro que, por extensão, sofreu a imutabilidade da coisa julgada, como, por exemplo, o substituído, nos casos de substituição processual, ou aqueles que, em virtude da natureza do interrelacionamento entre as relações jurídicas (a decidida pela sentença e a sua), não tem, perante o Direito Material, fundamento para recompor a situação anterior por meio de ação própria'."
>
> "II – o terceiro juridicamente interessado;"

Apreende-se o conceito deste inciso ao se cotejar o mesmo com o § 1º, do art. 499, defluindo que a decisão tenha aptidão para, direta ou indiretamente, afetar relação jurídica da qual o terceiro, aquele que não foi parte, é o seu respectivo titular.

Constitui ônus de o terceiro interessado demonstrar, conforme § 1º, do art. 499, em seu alcance, o nexo, o liame de interdependência entre o seu interesse jurídico na desconstituição da decisão, alvo da rescisória, e a respectiva relação jurídica originada daquele julgado (RSTJ 85/248).

Neste diapasão, o Superior Tribunal de Justiça vem afastando, como corolário, o interesse meramente econômico, ou de fato, ou moral, em face do dispositivo inserto no art. 487 do CPC (STJ, AR n° 3.185, DJ de 26.02.2007).

"III – o Ministério Público:

> a) se não foi ouvido no processo, em que lhe era obrigatória a intervenção;"

A hipótese se refere à atuação do MP como custos legis, fiscal da lei, em consonância com os arts. 82, 83, 84 e 246, do CPC. Naturalmente, a falta de intervenção do seu órgão, por si só, muitas vezes não gera nulidade, devendo esta ser aquilatada sob o pálio do princípio da instrumentalidade das formas (arts. 154 e 244/CPC), o que pode determinar o acolhimento, ou não, sob esta perspectiva, do pleito rescisório.

Cumpre observar que, em regra, nos casos em que é obrigatória, por lei, a intervenção do MP, como fiscal, e tal inocorre, há presunção relativa, iuris tantum, de prejuízo, cabendo à parte contrária, na rescisória, demonstrar a sua não-configuração. Esta é a hipótese mais corriqueira dessa alínea.

Pode, no entanto, ocorrer a normal intervenção do MP e, ainda assim, estar ele como fiscal da lei, legitimado a ajuizar referida ação quando a decisão rescindenda tiver incorrido em uma ou mais hipóteses dos incisos do art. 485/CPC; ressaltando-se, no entanto, que nesta circunstância o ônus da prova é transferido para ele, cabe dizer, lhe competirá a demonstração cabal da ocorrência de vício que dê causa à rescisão.

Em suma, o MP tem legitimidade para ajuizar tal ação tanto por não haver intervindo, quando era, legalmente, obrigatório, como quando, apesar de sua intervenção, a decisão tipificou uma das hipóteses legais que justifica, em tese, a sua rescisão, a indicar que, em realidade, as hipóteses previstas no art. 487, inc. III, do CPC, são meramente exemplificativas (STJ, Embargos Infringentes n° 384, DJ de 06.03.2006).

A diferença que particulariza uma situação da outra consiste na divisão do ônus da prova, como já acentuado.

Não sendo proposta pelo MP, a parte interessada deverá propô-la, invocando o inc. V, art. 485/CPC, na medida em que terá ocorrido violação a literal disposição de lei, determinadora da participação, obrigatória daquele, não só em virtude da lei processual, como até mesmo da CF.

A propósito, o STJ, à luz da CF, estabeleceu não ser taxativo o rol do inc. III, passando a reconhecer a legitimidade do MP quando houver o comprometimento de interesses indisponíveis, por sua natureza, conforme se verifica in RSTJ 98/23, em acórdão relatado pelo em. Ministro Ari Pargendler, com a seguinte:

> "*Ementa: Processo civil. Ação rescisória. 1. Legitimidade ativa do Ministério Público.* As hipóteses do art. 487, III, do Código de Processo Civil, não são exaustivas; o Ministério Público também está legitimado a pedir a rescisão de sentença em que há comprometimento de interesses públicos indisponíveis. 2. Prescrição. A citação interrompe a prescrição, dela não se podendo cogitar enquanto a ação pende de julgamento; esse efeito, todavia, só se produz em relação ao que foi objeto do pedido. Ação rescisória procedente, em parte.
>
> "b) quando a sentença é efeito de colusão das partes, a fim de fraudar a lei;"

Nos comentários ao inc. III, do art. 485, já nos referimos à colusão, a qual se verifica quando as partes se utilizam do processo com objetivo de conseguir fim proibido legalmente.

A lei, em tal caso, prevê a possibilidade da prolação da chamada sentença obstativa (art. 129/CPC); porém, tendo as partes alcançado esse desideratum, o MP estará legitimado a ajuizar o pleito rescisório para desfazer a decisão transitada em julgado, de molde a restabelecer a higidez legal.

Cuida-se de hipótese típica em que as partes são reputadas litigantes de má-fé, conforme o art. 17, III, do CPC, a caracterizar o exercício abusivo, ou mesmo ilegal, do direito de ação, em verdadeira co-autoria, para fraudar a lei, daí a importância da atuação ministerial, objetivando restabelecer a legalidade, no particular, sabendo-se que autor e réu, tendo em vista o acordo previamente ajustado, de forma escusa, não teriam interesse em pleitear a desconstituição da res iudicata.

Finalmente, cumpre reiterar que o rol do inc. III/487 não é exaustivo, possuindo o MP legitimidade para ajuizar rescisória quando haja comprometimento de interesses jurídicos de natureza indisponível, a teor do art. 127 da CF.

Art. 967. Têm legitimidade para propor a ação rescisória:

I – quem foi parte no processo ou o seu sucessor a título universal ou singular;

II – o terceiro juridicamente interessado;

III – o Ministério Público:

a) se não foi ouvido no processo em que lhe era obrigatória a intervenção;

b) quando a decisão rescindenda é o efeito de simulação ou de colusão das partes, a fim de fraudar a lei;

c) em outros casos em que se imponha sua atuação;

IV – aquele que não foi ouvido no processo em que lhe era obrigatória a intervenção.

Parágrafo único. Nas hipóteses do art. 178, o Ministério Público será intimado para intervir como fiscal da ordem jurídica quando não for parte.

Aos incisos I, II, III, e alíneas a e b, estendem-se os comentários feitos no item 1, do Capítulo III, da anterior edição, mesmo porque, a única alteração, comparativamente, com iguais preceitos do CPC/73, ocorreu na alínea b, substituindo-se por "decisão rescindenda" a

expressão "sentença", acrescendo-se ao lado de "colusão", ainda, o substantivo "simulação", vício do ato jurídico que consiste em disfarce, fingimento, ato de fingir, disfarçar uma realidade, gerando a nulidade do negócio jurídico simulado, *ut* art. 167, do CC, e fundamentando, tanto quanto a colusão, figura constitutiva de fraude processual, engendrada pelas partes com objetivo de fraudar a lei, prejudicando, direta ou mesmo indiretamente, a terceiros, o que justifica o manejo de rescisória, caso a decisão alvejada padeça de um ou mesmo dos dois vícios – simulação e/ou colusão –.

A letra c, do art. 967, encerra novidade ao legitimar, ativamente, o Ministério Público para ajuizar rescisória – "em outros casos que se impõe a sua atuação" –, será, portanto, em hipóteses diversas da prevista na letra a, pois nesta pressupõe a sua não-audiência quando, *ex lege*, a sua intervenção era obrigatória, casos do art. 82, I, II, III, do CPC/73, cujo símile é o art. 178, do NCPC.

Na letra c, a situação concreta, por suas peculiaridades sociais, políticas, econômicas etc., é que ditará a imperiosidade ou não da intervenção, ancorada na CF, que traça as funções institucionais – art. 129 e segs. –, do *parquet*, a qual teria sido negligenciada, à época em que deveria ter ocorrido, gerando, destarte, sua legitimidade para a rescisória, com espeque em tal cláusula da letra *c*, que é, diga-se de passagem, aberta, devendo ser aplicada estritamente, para não banalizar, por um lado, a rescisória, e, por outro, respeitar a coisa julgada, tanto quanto possível.

O inciso IV, do mesmo art. 967, também inova, legitimando quem não foi ouvido, quando obrigatória sua intervenção, ajuizar, se for o caso, rescisória.

O Parágrafo Único do art. 967 constitui, igualmente, inovação, prescrevendo ser imperativa a intimação do MP para intervir, nas hipóteses do art. 178, como fiscal da ordem jurídica – *custos legis* – quando não for parte. Caso tal inocorra, estará ele legitimado para ajuizar eventual rescisória ante decisão que a desafie.

2. DA COMPETÊNCIA

> "Art. 493 – Concluída a instrução, será aberta vista, sucessivamente, ao autor e ao réu, pelo prazo de 10 (dez) dias, para razões finais. Em seguida, os autos subirão ao relator, procedendo ao julgamento:
>
> I – no Supremo Tribunal Federal e no Tribunal Federal de Recursos, na forma de seus Regimentos Internos;"

O CPC, a partir deste dispositivo, regula, incipientemente, a competência para processar e julgar a rescisória, fazendo remissão ao STF e ao então

TFR (hoje, leiam-se Tribunais Regionais Federais), a indicar que tal ação é da competência originária dos tribunais.

Cuida-se, portanto, de competência de natureza absoluta, fixada pelo critério funcional, vertical ou por hierarquia, conforme, aliás, o art. 93 do CPC.

É importante observar que a Lei n° 8.038, de 28.05.90, que "institui normas procedimentais para os processos que especifica, perante o Superior Tribunal de Justiça e o Supremo Tribunal Federal", em seu Título I – "Processos de Competência Originária", no art. 24, reza que, na ação rescisória, será aplicada a legislação processual em vigor. Esta competência é fixada, em relação ao STF, no art. 102,1, *g*, da CF, além do seu RI, arts. 259 a 262 e 333, III.

Quanto ao STJ, não obstante o CPC não aludir a ele, pois foi criado pela atual CF, tem sua competência inscrita no art. 105, I, e, da mesma Carta Magna, estando o procedimento interno regrado por seu Regimento, arts. 233 a 238 e 260.

No tocante aos Tribunais Regionais Federais, cinco, criados, também, pela vigente CF, art. 27, § 6°, do seu ADCT, e implementados pela Lei n° 7.727, de 09.01.89, o art. 108,1, b, da mesma Constituição, prevê a sua competência para rescindir seus julgados, ou sentenças – sempre de mérito –, dos juízes federais da respectiva região, compreendendo-se, aqui, as decisões de igual teor, dos juízes estaduais, quando no exercício de jurisdição federal delegada, tendo em vista a regra do § 3°, art. 109/CF.

A contrario sensu, tal assertiva é reforçada pelo verbete n° 55, da Súmula do STJ, a saber:

> "Tribunal Regional Federal não é competente para julgar recurso de decisão proferida por juiz estadual não investido de jurisdição federal."

Aliás, o art. 96, I, a, da CF, lastreia a competência interna dos tribunais, em geral, para disporem sobre o funcionamento dos respectivos órgãos jurisdicionais e ritos, respeitadas as normas legais.

A parte final do inc. I, do art. 493, calca-se em tal preceito, destacando-se que no TRF da 2a Região a normatividade regimental vem estampada nos arts. 189 a 194, constando, nos regimentos internos dos demais TRFs, normas análogas.

> "II – nos Estados, conforme dispuser a norma de Organização Judiciária."

A competência dos Tribunais de Justiça e, onde houver, dos Tribunais de Alçada, está fixada, por força dos arts. 125, § 1°, e 70, do ADCT, ambos da CF, atualmente, na Constituição do respectivo Estado-membro, cabendo ao regimento interno dessas cortes determinar qual órgão terá a competência para processar e julgar a demanda rescisória, com o que restam afastadas as normas do § 13, e, do art. 101 e art. 110, da LC 35/79 (LOMAN).

As normas de organização judiciária têm por objeto regulamentar, em suma, a criação, alteração e extinção de comarcas, bem como de sua classificação (Lei n° 5.621/70), não se compreendendo mais, em seu âmbito, a regulamentação desta competência. Por exemplo, no Estado do Rio de Janeiro, a competência é fixada no art. 158, IV, *h*, da CE, que estabelece:

> "Compete ao Tribunal de Justiça:
>
> (...)
>
> IV – processar e julgar originariamente:
>
> (...)
>
> *h)* a revisão criminal e a ação rescisória de julgados seus e dos juízes, no âmbito de sua competência recursal;"

Em geral, as Constituições dos demais Estados, e quanto ao Distrito Federal, a sua Lei Orgânica, prevista no art. 32, da CF, dispõem de maneira similar, competindo aos regimentos internos de cada tribunal disciplinar o procedimento interno, inclusive definindo a competência do órgão que julgará as rescisórias (câmara – ou turma –, grupo de câmaras, seção, órgão especial ou pleno).

Ajuizada, eventualmente, a ação rescisória perante tribunal que não seria competente para processá-la, cabe indagar se incidirá a norma do § 2°, do art. 113, ou o art. 267, IV, ambos do CPC, além de se questionar acerca da interrupção da prescrição quando determinada por relator cujo tribunal não tenha competência para dela conhecer.

Quanto ao primeiro aspecto, este ainda é polêmico, havendo jurisprudência do STF antagônica. No sentido da extinção do processo sem julgamento do mérito, colhe-se acórdão do seu Plenário em RTJ 112/74 e AR n° 1.053-RJ, DJU de 07.02.92, transcrito a seguir:

> "1. Processo civil. Ação rescisória. Seu objeto é o acórdão do Tribunal de Justiça do Estado do Rio de Janeiro proferido em grau de embargos infringentes.
>
> 2. Recurso extraordinário indeferido. Agravo de instrumento da decisão que o inadmitiu, confirmada no Supremo Tribunal Federal em despacho de relator e agravo regimental.
>
> 3. Tendo o Tribunal de Justiça declinado de sua competência para julgar a ação rescisória, sobem os autos ao Supremo Tribunal Federal.

4. É competente o Supremo Tribunal Federal para processar e julgar a ação rescisória, quando, embora não tendo conhecido do recurso extraordinário ou havendo negado provimento ao agravo, tiver apreciado a questão federal controvertida (Súmula n° 249).

5. O Supremo Tribunal Federal não pode julgar a ação rescisória, porque o seu objeto não é acórdão da Corte, mas acórdão proferido nos embargos infringentes em segundo grau da jurisdição.

6. Julga-se extinto o processo com fundamento no art. 267, VI do Código de Processo Civil." (AR n° 1.151/RJ, rel. em. Ministro Alfredo Buzaid, un., julg. 29.06.84, *in* RTJ 112/74)

Ao contrário, ou seja, pela remessa dos autos para o tribunal competente, vejam-se precedentes em RTJ 121/898 e STJ, REsp. n° 4.024, DJU de 17.09.90. A seguir transcrevemos o primeiro:

"Ação rescisória. Incompetência do STF. Despacho em agravo de instrumento sem apreciação de mérito.

É incompetente o Supremo Tribunal Federal para o julgamento da ação rescisória quando o despacho que se pretende rescindir não examina o mérito da questão.

Não-conhecimento da ação rescisória, remetendo-se os autos ao Tribunal de Justiça de Minas Gerais." (AR n° 1.219/MG, rel. em. Ministro Rafael Mayer, un., julg. 29.04.87, *in* RTJ 121/898)

Pelos princípios da economia, utilidade e efetividade, a segunda posição parece ser a mais consentânea com a moderna visão do processo, que a cada dia mais se acentua, no sentido de aproveitá-lo ao máximo, sabendo-se de sua natureza instrumental, levando-se em conta, inclusive, a providência prevista no art. 113, § 2°, do CPC, aplicável à espécie.

Este entendimento, todavia, não tem sido adotado pelo STJ, conforme precedente de sua 3ª Seção, observada na AR n° 920-SP, relator ministro Félix Fischer, 3ª Seção, v.u., publicada no DJ-I de 25.2.2002, p. 196, a seguir transcrito:

"Processual civil. Ação rescisória. Competência originária do STJ. Propositura perante tribunal local. Extinção do processo. Impossibilidade de modificação do pedido.

II. Proposta a ação rescisória equivocadamente perante o tribunal local, tratando-se de caso de competência originária do STJ, não se pode remeter os autos a este, para que julgue o pedido como se fosse direcionado para rescindir o seu acórdão.

III. O pedido formulado pelo autor, para a rescisão da decisão do tribunal local, não pode ser modificado pelo órgão julgador, devendo o processo ser extinto sem julgamento do mérito.

Ação rescisória não conhecida.

Acórdão:

Vistos, relatados e discutidos os autos em que são partes as acima indicadas, acordam os ministros da Terceira Seção do Superior Tribunal de Justiça, por unanimidade, não conhecer da ação rescisória, em face da incompetência do Superior Tribunal de Justiça, determinando a remessa dos autos ao Tribunal Regional Federal da 3a Região, nos termos do voto do Sr. Ministro Relator. Votaram com o relator os Srs. Ministros Gilson Dipp, Hamilton Carvalhido, Jorge Scartezzini, Edson Vidigal, Fontes de Alencar e Fernando Gonçalves. Ausente, ocasionalmente, o Sr. Ministro Vicente Leal. Ausente, por motivo de licença, o Sr. Ministro Paulo Galotti."

Orientação que vem sendo sistematicamente reiterada pelos Tribunais Superiores (STF, AR n° 1.053, DJ de 07.02.92; STJ, AgRg AR n° 2.214, DJ de 14.06.2006; STJ, REsp. n° 681.540, DJ de 14.03.2005).

Nos termos do art. 219, do CPC, interrompe-se a prescrição mesmo quando ordenada a citação por juiz incompetente; a fortiori, alcança, igualmente, o prazo decadencial, por força do art. 220, do mesmo Código. Desta forma, ainda que ajuizada a rescisória perante tribunal incompetente, porém, tendo ocorrido a citação, esta interromperá aquele prazo, retroagindo à data da distribuição, segundo o art. 263 de tal diploma.

No entanto, caso não tenha sido efetuada a citação, perante o tribunal incompetente, por ter ele decidido, desde logo, pela remessa dos autos àquele que seria competente, já havendo ultrapassado o biênio, quando protocolados na corte destinatária, ter-se-ia, então, consumado a decadência, mesmo porque a segunda parte do art. 263 prescreve:

> "A propositura da ação, todavia, só produz, quanto ao réu, os efeitos mencionados no art. 219 depois que for validamente citado."

Ora, não tendo ocorrido citação, mas, apenas, distribuição na corte incompetente, ainda que antes de ultrapassados os dois anos do art. 495, não há como deixar de reconhecer tal fenômeno.

A rescisória, usualmente, é da competência do tribunal que conheceria ou conheceu do recurso da decisão rescindenda; no entanto, surgindo alguma das hipóteses do art. 109, I/CF, ou de litisconsórcio necessário (art. 47/CPC), envolvendo alguns dos entes elencados naquele inciso, desloca-se a competência para o respectivo Tribunal Regional Federal, não obstante originariamente fosse a mesma do Tribunal de Justiça (RSTJ 30/66, RSTJ 76/23 e RTJ 121/691 e 121/697).

> "Ementa: Competência. Ação rescisória. Ingresso no feito da Caixa Econômica Federal por motivo superveniente.
>
> Comparecendo à lide como litisconsorte necessária, a empresa pública federal, competente para apreciar a ação rescisória, intentada com o objetivo de desconstituir julgado de Corte Estadual, é o Tribunal Regional Federal e não o prolator do acórdão rescindendo. Precedentes do STF."

Outro aspecto a ser ressaltado consiste na incidência da jurisprudência contida nas Súmulas n°s 249 e 515 do STF, a saber:

> "É competente o Supremo Tribunal Federal para a ação rescisória, quando embora não tendo conhecido do recurso extraordinário, ou havendo negado provimento ao agravo, tiver apreciado a questão federal controvertida."
>
> "A competência para a ação rescisória não é do Supremo Tribunal Federal, quando a questão federal, apreciada no recurso extraordinário ou no agravo de instrumento, seja diversa da que foi suscitada no pedido rescisório."

A primeira versa, como se verifica, sobre a interposição de RE, que restou não conhecido, vale dizer: em seu sentido técnico inocorreu apreciação da questão meritória, posicionando-se aquela eg. Corte apenas no plano dos pressupostos de admissibilidade de tal recurso. Tendo ocorrido a referida hipótese, por óbvio, não houve substituição, quanto ao mérito, da decisão recorrida pela do STF. Todavia, concluindo o acórdão extraordinário pelo não-conhecimento, mas tendo adentrado o mérito, é ele que deverá ser alvo de rescisória; neste sentido colhe-se a orientação do Supremo Tribunal Federal (STF, AgRg AR n° 1.780, DJ de 03.03.2006).

Dentre outros, o prof. José Carlos Barbosa Moreira, com inteira propriedade, ensina:

> "O defeito de técnica perturba, ainda, a solução do problema da competência para a eventual ação rescisória. Logicamente, se o Supremo Tribunal Federal não conhece do recurso extraordinário, isso quer dizer que o seu acórdão não substitui a decisão recorrida, a qual, portanto, transitou em julgado; à luz desse dado é que se determina aquela competência. Entretanto, se o acórdão do Supremo Tribunal Federal, dizendo 'não conhecer' do recurso, aprecia a federal question e a rejeita, a situação é outra: aí há substituição, e é esse acórdão que passa em julgado (cf., infra, o comentário n° 333). Lê-se em o n° 249 da Súmula da Jurisprudência Dominante: 'É competente o Supremo Tribunal Federal para a ação rescisória, quando, embora não tendo conhecido do recurso extraordinário, ou havendo negado provimento ao agravo, tiver apreciado a

questão federal controvertida.' A conclusão é correta; mas com facilidade percebe-se o que há de contraditório na proposição: se a corte apreciou a federal question, fica evidente que – diga o que disser – conheceu do recurso!" (In *Comentários ao CPC*, 7ª ed., Rio de Janeiro, Forense, 1998, vol. V, p. 597)

A segunda parte da Súmula n° 249 prevê situação em que, tendo ocorrido juízo negativo de admissibilidade do RE, a parte interpôs agravo de instrumento (art. 544/CPC), ao qual o relator, na Corte Suprema, negou provimento, todavia ferindo a questão de fundo, ou converteu o AI em RE e lhe deu provimento; no mérito (§§ 3° e 4°, do art. 544/CPC, redação da Lei n° 9.756 de 17.12.98, e da Lei n° 8.950, de 13.12.94), em ambas as hipóteses, apesar de decisão singular, monocrática, a ação rescisória terá por objeto a mesma, porque houve a substituição de decisão pretérita, a teor do art. 512 do CPC (STF, Reclamação n° 2.314, DJ de 09.06.2006; STF, RE n° 298.694, DJ de 23.04.2004; STF, AR n° 1.567, DJ de 15.12.2006).

As mesmas razões aplicam-se, mutatis mutandis, quando se tratar de recurso especial, que tem, igualmente, natureza transordinária (STJ, REsp. n° 712.285, DJ de 29.08.2005).

Havendo dúvida quanto à origem da decisão de mérito, ou seja, se foi prolatada por um órgão judicante ou outro, há quem sustente ser adequada a formulação de pedido alternativo na petição inicial, cuja finalidade essencial seria obstar a extinção do processo, sem julgamento do mérito, fazendo-se a sua remessa para o tribunal competente.

Exemplifique-se: tendo sido interposto um RE para o STF, ficou consignado no acórdão que o mesmo não foi conhecido. Tal expressão empregada, contudo, não foi em sentido técnico-processual – por ausência de pressupostos de admissibilidade recursal – e, sim, com o sentido de que o recurso se mostrava improsperável quanto ao próprio mérito. Houve, portanto, substituição da decisão recorrida pela posterior, devendo esta ser atacada pela rescisória.

No entanto, se o recurso não for conhecido, empregada tal expressão no sentido habitual, ou seja, por ausência de pressupostos – objetivos e/ou subjetivos –, nesse caso o acórdão a ser rescindido será o do tribunal de origem, Corte que será a competente para a respectiva ação.

Aliás, ao julgar o Ag. Reg. na AR n° 1.479/9-Bahia, o Plenário do STF, à unanimidade, sufragou o voto do relator, em. Ministro Sydney Sanches, que bem ilustra a espécie, contendo o acórdão publicado no DJU de 04.08.2000, p. 8:

"Ementa: Direito Constitucional, Eleitoral e Processual Civil. Ação rescisória de acórdão do Tribunal Superior Eleitoral. Competência (art. 102, I, j, da Constituição Federal). Agravo.

1. O acórdão, que a autora pretende ver rescindido, foi proferido pelo Tribunal Superior Eleitoral, como está expresso na inicial.

E ao Supremo Tribunal Federal não compete, originariamente, processar e julgar Ação Rescisória de aresto do Tribunal Superior Eleitoral, mas, sim, apenas, de seus próprios julgados (art. 102, I, j, da CF).

2. Aliás, embora o acórdão rescindendo, do Tribunal Superior Eleitoral, tenha sido impugnado mediante Recursos Ordinatório e Extraordinário, Embargos de Divergência e Agravos, para o Supremo Tribunal, este não examinou o mérito da causa.

3. Não havendo o Supremo Tribunal Federal examinado o mérito da causa e não lhe competindo, originariamente, processar e julgar Ação Rescisória de Acórdão do Tribunal Superior Eleitoral, que é o que se pretende na inicial, o presente Agravo resta improvido.

4. Havendo, porém, a autora, ora agravante, pedido, alternativamente, a remessa dos autos ao Tribunal Superior Eleitoral, àquela E. Corte devem ser encaminhados, para que aprecie a petição inicial, como lhe parecer de direito." (grifo nosso)

3. OBSERVAÇÃO QUANTO AO IMPEDIMENTO E DECISÃO COMPLEXA

Antiga jurisprudência do STF, condensada na Súmula n° 252, firmou:

> "Na ação rescisória, não estão impedidos juízes que participaram do julgamento rescindendo."

Ao comentar o inc. II, do art. 485, abordamos, no essencial, tal matéria.

Além do que, é oportuno consignar que nos tribunais onde inexista dificuldade de quorum, como já assinalado, seria recomendável e conveniente que por norma regimental, ou mesmo por interpretação da respectiva Corte, se evitasse, no julgamento da rescisória, a participação de membros que tenham votado no julgamento do acórdão rescindendo, orientação esta que mais se coadunaria com os princípios processuais da imparcialidade e do juiz natural, a par de conferir maior legitimidade, aos olhos dos jurisdicionados, à decisão.

Aspecto a ser lembrado, no tocante à competência, é aquele relativo à chamada decisão complexa.

A mesma ocorre quando parte da decisão favorável resultou de acórdão de um tribunal e outra parte de outro tribunal. Ou seja, tribunal ordinário reconheceu, parcialmente, o direito; tribunal extraordinário, no entanto, ao julgar o recurso que lhe foi endereçado, culminou por ampliar a decisão.

Na hipótese de ajuizamento de rescisória, tal deverá ser feito perante o tribunal hierarquicamente superior, abrangendo toda a matéria, se for o caso, por aplicação analógica do instituto da conexão, especialmente na clara definição contida no art. 78, III, do CPP, cuja aplicação subsidiária, no ponto, é perfeitamente cabível, considerando que o CPC, a propósito, não é tão expresso, conforme se infere dos arts. 102 e segs. (STJ, AgRg AR n° 1.115, DJ de 19.12.2003; STJ, AR n° 386, DJ de 04.02.2002).

4. EXECUÇÃO

Ainda no campo da competência, saliente-se que a execução do julgado resultante da rescisória pertence ao respectivo tribunal que o proferiu, nos termos do art. 575, I, do CPC.

Em geral, as decisões no curso da execução são monocráticas, de atribuição do relator, sendo cabível recurso – agravo regimental – ao órgão colegiado; naturalmente, cada tribunal, por seu regimento, poderá dispor a respeito como melhor lhe aprouver.

No caso de pronunciamento apenas em relação ao iudicium rescindens, somente haverá execução dos ônus sucumbenciais. Ademais, por força do art. 494, c/c 488, II, do CPC, sendo declarada inadmissível ou improcedente, por unanimidade, a ação, o réu fará jus ao levantamento do depósito, que tem a natureza de multa, na importância de 5% (cinco por cento) sobre o valor da causa, efetuado pelo autor.

Ocorrendo, todavia, algum voto divergente, seja em relação ao cabimento da ação, seja quanto ao seu mérito, o depósito será restituído ao autor, mesmo sucumbente.

Capítulo IV

DO PROCEDIMENTO

1. REQUISITOS ESSENCIAIS DO ART. 282/CPC E EXAME PELO RELATOR

A rescisória, a exemplo de qualquer ação, inicia-se por meio de petição, conforme prescreve o art. 488:

> "A petição inicial será elaborada com observância dos requisitos essenciais do art. 282, devendo o autor:
>
> I. cumular ao pedido de rescisão, se for o caso, o de novo julgamento da causa;
>
> II. depositar a importância de cinco por cento (5%) sobre o valor da causa, a título de multa, caso a ação seja, por unanimidade de votos, declarada inadmissível, ou improcedente.
>
> Parágrafo único – Não se aplica o disposto no n° II à União, ao Estado, ao Município e ao Ministério Público."

O *caput*, ao fazer remissão ao art. 282, confirma a idéia de que se cuida de verdadeira demanda, o que atrai, outrossim, a norma do art. 283, vale dizer, impõe-se que a exordial seja instruída com os documentos indispensáveis, a saber:

> 1. certidão do trânsito em julgado da decisão rescindenda (RSTJ 58/347);
>
> 2. seu inteiro teor;
>
> 3. procuração (inadmitindo-se a juntada de cópia do instrumento procuratório da ação proposta anteriormente – STJ, REsp. n° 463.489, DJ de 05.09.2005);
>
> 4. valor do depósito da multa, que constitui requisito específico de tal ação.

No que concerne ao valor da causa, segundo o Superior Tribunal de Justiça, deve ser o valor da causa da ação principal corrigido monetariamente (STJ, AgRg n° 721.772, DJ de 05.09.2005).

Questão ainda controversa na jurisprudência é a relativa à necessidade da observância, ou não, do princípio *iura novit curia* ou do brocardo da *mihi factum dabo tibi ius*, na ação rescisória. Ou seja, haveria ou não necessidade de que, na inicial, seja (m) indicado(s) o(s) inciso(s) do art. 485, que autorizaria(m) a tramitação do feito.

No STJ, há julgados opostos:

Pela necessidade: AR n° 439/RJ, relator em. Mnistro Gilson Dipp, 3ª Seção, maioria de votos, julgada em 14.04.99; e, mais, RSTJ 5/27.

Pela desnecessidade: RSTJ 47/181, 48/136, 14/229 e 85/ 234, dentre outros.

Não obstante tal controvérsia exegética, perfilhamos entendimento no sentido da aplicação normal daquelas regras à ação em foco, pois inexiste razão peculiar a justificar o seu afastamento.

Como reforço, pode-se invocar o art. 3º, da LICC, bem como os arts. 126 e 337 do CPC, todos a indicar, em seu sentido, não ser necessário que a parte indique, expressamente, o texto legal em que se lastreia o seu direito. Basta-lhe narrar, adequadamente, os fatos, competindo ao magistrado fazer a respectiva subsunção com a norma jurídica aplicável ao caso concreto.

É, no entanto, recomendável e útil a iniciativa de apontar os respectivos preceitos legais. Ressaltamos, no entanto, que sua omissão não deve redundar no indeferimento do pleito.

Quanto à causa de pedir, versada na exordial, esta vincula o órgão julgador (STF, AR n° 1.646, DJ de 27.10.2006), ou seja, a rescisória não é ação própria para corrigir eventual error in judicando concernente à apreciação equivocada, ocorrida na demanda originária, o que equivaleria a propor por via rescisória, uma demanda nova, de forma incidental.

Aspecto também peculiar consiste no pedido, que poderá ser cumulativo, na medida em que, em algumas hipóteses, será suficiente apenas o juízo rescindente; em outros casos, impor-se-á também o pedido de juízo rescisório. Tais particularidades serão objeto de exame em outro item.

Protocolada a petição, feito o preparo, se for o caso, sorteado o relator, a este caberá examiná-la para admitir ou não, procedendo-se de acordo com os arts. 490 ou 491, do CPC, que prescrevem:

> "Art. 490 – Será indeferida a petição inicial:
>
> I. nos casos previstos no art. 295;
>
> II. quando não efetuado o depósito, exigido pelo art. 488, II.

> Art. 491 – O relator mandará citar o réu, assinalan-do-lhe prazo nunca inferior a 15 (quinze) dias nem superior a 30 (trinta) para responder aos termos da ação. Findo o prazo com ou sem resposta, observar-se-á no que couber o disposto no Livro I, Título VIII, Capítulos IV e V."

Caso seja indeferida a inicial, a parte poderá interpor agravo regimental, se previsto, o qual admite juízo de retratação; inexistindo previsão regimental, caberá, se presentes os seus requisitos, mandado de segurança, conforme art. 21, VI, da LC 35/70 (LOMAN), além do art. 5º, II, da Lei nº 1.533/51, a contrario sensu.

Neste exame, vislumbrando vício sanável, deverá o relator, na forma do art. 284 do CPC, determinar ao autor que emende ou corrija a petição, ou que a complete e a instrua devidamente (RSTJ 58/347), em lugar de indeferi-la de plano.

Deixa-se de tecer comentários ao inc. I do art. 490, que remete ao art. 295, por conter estes requisitos que são, em geral, comuns a todas as ações.

Estando em termos a inicial, o relator a deferirá, ordenando a citação (arts. 213 c/c 491).

DA PETIÇÃO INICIAL

Art. 968. A petição inicial será elaborada com observância dos requisitos essenciais do art. 319, devendo o autor:

> **I – cumular ao pedido de rescisão, se for o caso, o de novo julgamento do processo;**
>
> **II – depositar a importância de cinco por cento sobre o valor da causa, que se converterá em multa caso a ação seja, por unanimidade de votos, declarada inadmissível ou improcedente.**
>
> **§ 1º Não se aplica o disposto no inciso II à União, aos Estados, ao Distrito Federal, aos Municípios, às suas respectivas autarquias e fundações de direito público, ao Ministério Público, à Defensoria Pública e aos que tenham obtido o benefício de gratuidade da justiça.**
>
> **§ 2º O depósito previsto no inciso II do caput deste artigo não será superior a 1.000 (mil) salários-mínimos.**
>
> **§ 3º Além dos casos previstos no art. 330, a petição inicial será indeferida quando não efetuado o depósito exigido pelo inciso II do caput deste artigo.**
>
> **§ 4º Aplica-se à ação rescisória o disposto no art. 332.**
>
> **§ 5º Reconhecida a incompetência do tribunal para julgar a ação rescisória, o autor será intimado para emendar a petição inicial, a**

fim de adequar o objeto da ação rescisória, quando a decisão apontada como rescindenda:

I – não tiver apreciado o mérito e não se enquadrar na situação prevista no § 2º do art. 966;

II – tiver sido substituída por decisão posterior.

§ 6º Na hipótese do § 5º, após a emenda da petição inicial, será permitido ao réu complementar os fundamentos de defesa, e, em seguida, os autos serão remetidos ao tribunal competente.

A inicial demarca a propositura da rescisória; logo, tratando-se de ação pela qual objetiva-se desconstituir, como regra, decisão de mérito passada em julgado, é necessário que a petição atenda aos requisitos legais que permitam o seu curso regular, os quais estão previstos no art. 319, do NCPC. Os seus incisos de I a VI reproduzem iguais incisos do art. 282, do CPC/73, observando-se que o II, daquele, é mais minucioso que o deste na qualificação das partes, ao prescrever que a petição deve indicar os nomes, prenomes, estado civil, "a existência de união estável, a profissão, o número de inscrição no Cadastro de Pessoas Físicas ou no Cadastro Nacional de Pessoas Jurídicas, o endereço eletrônico", o domicílio e a residência do autor e do réu. O tópico entre aspas constitui inovação, plenamente compreensível, pois oferece mais segurança às identificações das partes e, quanto à necessidade de endereço eletrônico, tal resulta da implantação do respectivo processo judicial, realidade palpável, quase absoluta, pois dia a dia mais progride a implantação do conhecido *PJe* em nosso sistema de justiça.

O inciso VI, §§ 1°, 2º e 3º, do art. 319, do NCPC, não tem correspondente no art. 282, do CPC/73, são novidades que visam adequar e aperfeiçoar o procedimento, com a opção do autor, ou não, por audiência de conciliação ou mediação (§ 1º), institutos de suma importância para a busca de composição amigável, suasória, de lides que envolvam direitos disponíveis, mas, que, no âmbito da rescisória, mesmo que disponível o direito, já terão campo de incidência mais restrito, ante a natureza e propósito desta ação, que visa infirmar a coisa julgada. O caso concreto, contudo, será o vetor a sugerir ou não que se opte, na petição inaugural, pela adoção de aludida audiência. O § 1º, ante dificuldade do autor, propugna pelo apoio judicial na obtenção de informações exigidas no inciso II; os §§ 2º e 3º, com espeque nos princípios da economia, instrumentalidade e celeridade processuais preveem o não indeferimento da inicial nas circunstâncias que descrevem, desde que, em suma, o procedimento possa ter seu curso, sem maltratar sua regularidade, não encerrando prejuízo às partes.

Os arts. 320, 321 e Parágrafo Único, praticamente correspondem aos arts. 283, 284 e Parágrafo Único, do CPC/73. Houve, apenas, como novidade, a extensão do prazo de 10 para 15 dias para emendar ou completar a inicial..."indicando com precisão o que deve ser corrigido ou completado" (art. 321/NCPC).

Persiste útil, assim, a leitura do Capítulo IV, da edição anterior.

Os incisos I e II, do art. 968, correspondem, na essência, ao previsto no art. 488, I e II, do CPC/73. O § 1º daquele artigo, todavia, dispôs, de forma mais abrangente, quanto à inexigibilidade do depósito, comparativamente com a previsão contida no Parágrafo Único, do art. 488, do CPC/73. É bem verdade que a jurisprudência e mesmo leis específicas estenderam a sua dispensa a entidades outras da administração indireta, exemplos: Lei nº 8.620/93, MP 2.180-35, de 24/08/2001, reeditada "n vezes", e, segundo o *site* da PR, "Em tramitação", Súmula 175, do STJ, e precedentes, a beneficiários de gratuidade judicial, o que é extensivo até mesmo a pessoas jurídicas, conforme Súmula 481 do mesmo Tribunal. A regra contida no art. 968, II, § 1º, do NCPC, no ponto, dirime quaisquer dúvidas ao incluir, além das pessoas jurídicas de direito público – UF, Estados, DF, Municípios e ... "suas respectivas autarquias e fundações de Direito Público, ao Ministério Público, a Defensoria Pública e aos que tenham obtido o benefício de gratuidade de justiça". Inaplicável, pois, a tais entes, a exigência do depósito de 5% sobre o valor da causa, como requisito para o ajuizamento de ação rescisória, o que se explica levando-se em conta a condição jurídica de referidos destinatários da dispensa. Dispensados do depósito, referidas pessoas jurídicas, umas de Direito Público, outras, de Direito Privado, além de pessoas naturais, beneficiários de Justiça Gratuita, e o MP, caso o tribunal declare, unanimemente, inadmissível ou improcedente a respectiva ação, não se sujeitam a tal multa (inciso II, art. 968), conforme nossa interpretação do inciso II, art. 488, do CPC/73, no "Capítulo IV, do Procedimento", item 2, quando comentamos, na edição anterior, a "Obrigatoriedade do depósito e casos de dispensa", em que tal aspecto foi abordado, valendo transcrever as razões.

> "Embora desobrigados do depósito, subsiste a polêmica sobre se tais pessoas estarão obrigadas a pagar ou não, afinal, a multa, caso se aperfeiçoe a segunda parte do art. 494/CPC.
>
> A nosso aviso, a resposta é negativa.
>
> Com efeito, a exegese de tal preceito induz ser pressuposto fundamental que tanto a *restituição* quanto a *reversão*, ali mencionadas, exijam que tenha ocorrido o prévio depósito da multa.

> Não há como desvincular tais acontecimentos processuais do depósito anterior, pois, como óbvio, *restituir-se* ou *reverter-se* só poderá ocorrer em relação àquilo que já existe, tangivelmente. Logo, se há tal dispensa, não há que se falar em restituição ou reversão. Ademais, a lei não fala em condenação a tal título, não sendo legítimo fazê-la por interpretação.
>
> Em outros termos, sendo a parte vencida desobrigada do depósito, não se poderá concluir que a mesma deverá ser condenada, de qualquer sorte, ao pagamento da multa, uma vez que esta consequência não se encontra prevista na lei."

Como não houve alteração de conteúdo, apenas a extensão dos destinatários da dispensa do depósito, conforme § 1º, II, do referido art. 968, a inteligência acima transcrita persiste, para nós, com a devida *venia*.

O § 2º, do mesmo artigo, contempla regra inovadora ao prescrever que "o depósito previsto no inciso II, do *caput* deste artigo não será superior a 1.000 (mil) salários mínimos". Importante tal limite, embora bastante elevado, pois pode chegar a quase R$800.000,00, levando-se em conta que um salário mínimo corresponde a R$788,00, a partir de 01/01/2015. Sob o CPC/73, inexiste referido teto, o que poderia, em ação cujo valor da causa seja muito elevado, até tolher o acesso ao judiciário, violando a CF, art. 5º, XXXV, conforme, inclusive, em seu alcance, *mutatis mutandis*, Súmula 667/STF: "Viola a garantia constitucional de acesso à jurisdição a taxa judiciária calculada sem limite sobre o valor da causa". Assim, bem vinda a inovação, considerando, inclusive, que rescisórias de elevado valor não são tantas e, como regra, são titularizadas no polo ativo por grandes empresas ou pessoas de mais elevado poder aquisitivo. Logo, tal limite, a um só tempo, tem a função de coibir "aventuras rescisórias" e, por outro lado, limitar o valor, não cerceando o chamado princípio da ubiquidade da justiça, para os casos em que não se cuida de "aventuras", mas, de demanda com plausibilidade normal.

O § 3º, do art. 968, condensa o contido no art. 490, I e II, do CPC/73, sem inovação de relevo quanto às hipóteses de indeferimento da inicial, como resulta da comparação entre os arts. 330 e 295, daquele e deste Códigos.

Os §§ 4º, 5º, I e II, e 6º, do art. 968, não tem correspondentes no CPC/73.

O § 4º prescreve aplicar-se à rescisória o disposto no art. 332, do NCPC, que diz:

> Art. 332. Nas causas que dispensem a fase instrutória, o juiz, independentemente da citação do réu, julgará liminarmente improcedente o pedido que contrariar:

> **I – enunciado de súmula do Supremo Tribunal Federal ou do Superior Tribunal de Justiça;**
>
> **II – acórdão proferido pelo Supremo Tribunal Federal ou pelo Superior Tribunal de Justiça em julgamento de recursos repetitivos;**
>
> **III – entendimento firmado em incidente de resolução de demandas repetitivas ou de assunção de competência;**
>
> **IV – enunciado de súmula de tribunal de justiça sobre direito local.**
>
> **§ 1º O juiz também poderá julgar liminarmente improcedente o pedido se verificar, desde logo, a ocorrência de decadência ou de prescrição.**
>
> **§ 2º Não interposta a apelação, o réu será intimado do trânsito em julgado da sentença, nos termos do art. 241.**
>
> **§ 3º Interposta a apelação, o juiz poderá retratar-se em 5 (cinco) dias.**
>
> **§ 4º Se houver retratação, o juiz determinará o prosseguimento do processo, com a citação do réu, e, se não houver retratação, determinará a citação do réu para apresentar contrarrazões, no prazo de 15 (quinze) dias.**

Muito importante a aplicação à rescisória do referido art. 332 e segs., pois tal vem de encontro aos princípios já referidos, da economia, efetividade, em suma, da eficácia processual, não fazendo sentido que se dê andamento a uma ação rescisória cujo fundamento se opõe às previsões ali inscritas. Logo, inexistindo necessidade de prova, o que é comum nas ações rescisórias, a mesma será indeferida, desde logo, sem citação, se se fizerem presentes os requisitos, cumulativos ou isolados, prescritos nos quatro incisos e § 1º, do referido preceito. É claro que a norma em foco destina-se, precipuamente, ao juízo de primeiro grau, tanto que inserida no Livro I, Parte Especial, do "Processo de Conhecimento", "Do Procedimento Comum", pressupondo, assim, para a sua aplicação à rescisória, as necessárias adaptações, por exemplo, no § 2º, "Não interposta apelação...", se se tratar de improcedência, *in limine* de rescisória, o que pode e deve mesmo, ser feito, monocraticamente, pelo relator, o recurso cabível será o de agravo interno, lendo-se, portanto, "não interposto agravo interno..." etc. Com tais observações, na verdade de somenos importância, é muito bem vinda ao âmbito da rescisória a norma em foco.

Os §§ 5º, I, II, e 6º, do art. 968, configuram novidades, comparativamente com o CPC/73. Prescrevem:

> **§ 5º Reconhecida a incompetência do tribunal para julgar a ação rescisória, o autor será intimado para emendar a petição inicial, a**

fim de adequar o objeto da ação rescisória, quando a decisão apontada como rescindenda:

I – não tiver apreciado o mérito e não se enquadrar na situação prevista no § 2º do art. 966;

II – tiver sido substituída por decisão posterior.

§ 6º Na hipótese do § 5º, após a emenda da petição inicial, será permitido ao réu complementar os fundamentos de defesa, e, em seguida, os autos serão remetidos ao tribunal competente.

São normas procedimentais cujo propósito sintoniza-se com o aproveitamento do feito já ajuizado, ainda que em Tribunal incompetente. A incidência do § 5º pressupõe que a decisão apontada como rescindenda, não tenha apreciado o mérito e que não tenha ocorrido a perempção da instância, conforme § 2º, do art. 966, além disso, que a mesma tenha sido substituída por decisão posterior, ou seja, resultante do julgamento por outro órgão jurisdicional. Por exemplo, ajuizou-se rescisória contra acórdão de Tribunal que confirmou sentença, perante o próprio. Verificou-se, no entanto, que o aresto fora reformado por Tribunal Superior ou pelo Supremo; logo, a competência para a rescisória não mais seria do Tribunal de 2º grau, mas, sim, do Superior ou do Supremo, o que determinará o deslocamento da competência, conforme previsão em apreço. Note-se que a incidência de tais regras inovadoras pressupõe, em princípio, que o réu tenha sido citado, o que se deduz do § 6º, ao dispor que: " Após a emenda da petição inicial será permitido ao réu complementar os fundamentos de defesa e, em seguida, os autos serão remetidos ao tribunal competente". Cumpre observar que a citação, ainda que presentes os requisitos determinantes da incidência dos preceitos em exame (§§ 5º, I e II e 6º, do art. 968), terá, no entanto, a eficácia interruptiva da prescrição tanto quanto da decadência, segundo art. 240, §§ 1º e 4º, do NCPC. Além disso, a nosso ver, se se tratar de Tribunal absolutamente incompetente para processar e julgar a rescisória perante o mesmo ajuizada, o relator poderá, e até deverá, de ofício, declinar para o Tribunal competente, prescindindo-se das providências elencadas em tais preceitos, em atenção mesmo ao chamado princípio da razoável duração do processo, que deve ser levado em conta, por seu cunho principiológico de garantia fundamental.

Art. 969. A propositura da ação rescisória não impede o cumprimento da decisão rescindenda, ressalvada a concessão de tutela provisória.

Art. 970. O relator ordenará a citação do réu, designando-lhe prazo nunca inferior a 15 (quinze) dias nem superior a 30 (trinta) dias

> para, querendo, apresentar resposta, ao fim do qual, com ou sem contestação, observar-se-á, no que couber, o procedimento comum.
>
> Ambos correspondem, com redações mais técnicas, aos arts. 489 e 491, do CPC/73. Observe-se que a Lei nº 11.280, de 16/02/2006, atribuiu nova redação ao art. 489, o qual passou a vigorar:
>
> Art. 489. O ajuizamento da ação rescisória não impede o cumprimento da sentença ou acórdão rescindendo, ressalvada a concessão, caso imprescindíveis e sob os pressupostos previstos em lei, de medidas de natureza cautelar ou antecipatória de tutela.

Mesmo na sua redação original, a jurisprudência, excepcionalmente, admitia a concessão de tutela de urgência para obstar a respectiva execução, conforme assinalamos ao comentar tal preceito na sua originária redação. A sua nova redação, bem como o art. 969, do NCPC, chancelaram a prévia orientação jurisprudencial firmada no sentido da possibilidade de concessão de tutela de urgência, desde que presentes os seus requisitos, para sustar a execução da decisão rescindenda, quando fosse o caso. Cumpre assinalar, no entanto, que a concessão de cautelar ou de tutela antecipada sustando a execução, mercê do ajuizamento de rescisória, só se justifica e se legitima em casos absolutamente excepcionais, nos quais, à evidência, descortinem-se, límpidos e induvidosos, a fumaça do bom Direito e o perigo na demora; ou, a verossimilhança da alegação e o fundado receio de dano irreparável ou de difícil reparação (art. 273, I, CPC/73) se mostrem ostensivos. Sob o NCPC, a tutela poderá fundamentar-se em urgência ou evidência, art. 294. É importante remarcar, contudo, que deve prevalecer, como garantia fundamental, a coisa julgada – CF, 5º, XXXV. Em casos extremos, todavia, a mesma deve ser, se presentes os requisitos típicos, CPC/73, art. 485 e segs.; NCPC, art. 966 e segs., afastada, rescindida, isto, no julgamento final, cujo trâmite observe, rigorosamente, as garantias do devido processo legal, contraditório, ampla defesa etc. O óbice jurisdicional à sua execução, porém, ante a concessão de tutela antecipatória, seja qual for a sua natureza, só se justifica excepcionalmente, conforme, por exemplo, AgRg na AR 3.210, 1ª Seção do STJ, Relator Ministro HUMBERTO MARTINS, com a seguinte ementa:

> "PROCESSUAL CIVIL E ADMINISTRATIVO – AGRAVO INTERNO – AÇÃO RESCISÓRIA – MANDADO DE SEGURANÇA – ANTECIPAÇÃO DE TUTELA – LICITAÇÃO CONCESSÃO DE SERVIÇO PÚBLICO – TRANSPORTE RODOVIÁRIO – LINHA DE ÔNIBUS – ART. 485, INCISOS VII E IX, CPC – AUSÊNCIA DOS REQUISITOS. 1. Pedido de antecipação de tutela em ação

rescisória destinada a desconstituir julgamento proferido em mandado de segurança, em que se discutia a validade de ato administrativo do Ministro de Estado dos Transportes, consistente em licitação de serviço público. 2. Na antecipação de tutela em rescisória, seus requisitos autorizadores assumem contornos de maior especificidade e excepcionalidade, a saber: a) a verossimilhança será tanto mais reconhecível quanto a ação estiver fundada em teses jurídicas de fácil distinção e de notório descompasso com o resultado do julgamento rescindendo; b) o receio de dano assume relevo sobrenormal, pois há em favor da decisão rescindenda uma presunção de legitimidade, além do que, a suspensão de seus efeitos deverá trazer um resultado útil à parte, assim entendido, sobrestar danos ou padecimentos. Precedentes do STJ e do STF. 3. Na espécie, não estão devidamente configurados os requisitos jurídicos e fáticos para a antecipação de tutela. Especialmente quanto ao periculum in mora, ainda que existisse, a Corte tem assinalado a necessidade de se manter as situações consolidadas, em nome da presunção de legitimidade da decisão rescindenda e de se evitar danos invertidos ao réu, que já obteve tutela favorável transitada em julgado. Agravo regimental improvido. " (STJ, Relator: Ministro HUMBERTO MARTINS, Data de Julgamento: 23/05/2007, S1 – PRIMEIRA SEÇÃO).

Idem, 3ª Seção, AgRg na AR 3.154, Relatora Ministra LAURITA VAZ:

"ADMINISTRATIVO. AGRAVO REGIMENTAL. ANTECIPAÇÃO DE TUTELA. REQUISITOS AUTORIZADORES. INEXISTÊNCIA. AUSÊNCIA DE VEROSSIMILHANÇA DO DIREITO VINDICADO. CONCURSO PÚBLICO. ANULAÇÃO POR DECISÃO DA SUPREMA CORTE. REINTEGRAÇÃO ANULADA POR FORÇA DE RECLAMAÇÃO. INEXISTÊNCIA DE OFENSA À COISA JULGADA. 1. Somente em casos excepcionalíssimos a jurisprudência desta Corte tem admitido a concessão de medida de urgência visando a sustação dos efeitos do julgado rescindendo, porque não é razoável presumir-se a existência da aparência do bom direito contra quem tem a seu favor uma coisa julgada obtida em processo de cognição exauriente (REsp 450.336/TO). 2. Em juízo de cognição sumária e provisória, não se me afiguram presentes os pressupostos autorizativos de que trata o art. 273 do Código de Processo Civil, mormente o relativo a verossimilhança do direito invocado, uma vez que o Supremo Tribunal Federal, na ADI n.º 598-7/TO, anulou o concurso público para provimento de cargos de Delegado de Polícia do Estado de Tocantins, em face da flagrante inconstitucionalidade contida nas regras do Edital condutor do certame. 3. Agravo regimental desprovido. " (STJ – AgRg na AR: 3154 TO 2004/0108927-9,

Relator: Ministra LAURITA VAZ, Data de Julgamento: 11/05/2005, S3 – TERCEIRA SEÇÃO, Data de Publicação: DJ 06.06.2005 p. 177).

O art. 971 e seu Parágrafo Único, sem precedentes no CPC/73, trazem novidade de conteúdo procedimental que tem sua utilidade, embora sob a égide de regimentos internos os Tribunais, em regra, já seguem tal forma de proceder.

> Art. 971. Na ação rescisória, devolvidos os autos pelo relator, a secretaria do tribunal expedirá cópias do relatório e as distribuirá entre os juízes que compuserem o órgão competente para o julgamento.
>
> Parágrafo único. A escolha de relator recairá, sempre que possível, em juiz que não haja participado do julgamento rescindendo.
>
> Os arts. 972 e 973, Parágrafo Único, prescrevem:
>
> Art. 972. Se os fatos alegados pelas partes dependerem de prova, o relator poderá delegar a competência ao órgão que proferiu a decisão rescindenda, fixando prazo de 1 (um) a 3 (três) meses para a devolução dos autos.
>
> Art. 973. Concluída a instrução, será aberta vista ao autor e ao réu para razões finais, sucessivamente, pelo prazo de 10 (dez) dias.
>
> Parágrafo único. Em seguida, os autos serão conclusos ao relator, procedendo-se ao julgamento pelo órgão competente.

Correspondem, na essência, aos arts. 492 e 493, do CPC/73.

O art. 972 faculta ao relator, quando houver prova a ser produzida, delegar ao órgão que proferiu a decisão rescindenda a competência para a sua colheita, fixando o prazo de um a três meses para tanto. Não se trata de regra imperativa. Assim, a delegação poderá ocorrer, sempre em prol da maior efetividade processual, a órgão judicante que não seja o prolator da decisão rescindenda, desde que tal melhor atenda ao andamento processual, à vista do caso concreto. Muitas vezes a decisão rescindenda é acórdão do próprio Tribunal; a prova deverá ser colhida em primeiro grau; assim, é lógico e razoável que o relator delegue a juízo de primeira instância, se considerar adequado, a sua colheita, por exemplo, testemunhal, se for o caso. Concluída a instrução, art. 973, além de vista às partes para razões finais, é comum ouvir-se o órgão do MP que atua perante o respectivo Tribunal. Aliás, pensamos ser imperativa a sua manifestação, como *custos legis,* considerando o relevo jurídico como regra da *res judicata*, cuja desconstituição se almeja através de rescisória. A propósito, veja-se o art. 176 e segs., do NCPC, correspondente ao art. 81, do CPC/73. O Parágrafo Único do art. 973, ao prever o julgamento "pelo órgão competente", em outras palavras, remete a sua definição para o regimento interno do respectivo Tribunal – CF, art. 96, I, *a* –, o qual dispõe sobre a competência e funcionamento de seus órgãos fracionários, fixando, obviamente, a competência interna para o julgamento de ações rescisórias.

> Art. 974. Julgando procedente o pedido, o tribunal rescindirá a decisão, proferirá, se for o caso, novo julgamento e determinará a restituição do depósito a que se refere o inciso II do art. 968.
>
> Parágrafo único. Considerando, por unanimidade, inadmissível ou improcedente o pedido, o tribunal determinará a reversão, em favor do réu, da importância do depósito, sem prejuízo do disposto no § 2º do art. 82.

Os mesmos correspondem, com melhor técnica legislativa, ao art. 494, do CPC/73. A inserção do parágrafo, desdobrando a regra, melhorou o conteúdo normativo, no caso. Afora tal aspecto, na essência, subsistem os comentários que fizemos ao art. 494, no tópico "7. O juízo rescindendo e novo julgamento da causa".

> Art. 975. O direito à rescisão se extingue em 2 (dois) anos contados do trânsito em julgado da última decisão proferida no processo.
>
> § 1º Prorroga-se até o primeiro dia útil imediatamente subsequente o prazo a que se refere o *caput*, quando expirar durante férias forenses, recesso, feriados ou em dia em que não houver expediente forense.
>
> § 2º Se fundada a ação no inciso VII do art. 966, o termo inicial do prazo será a data de descoberta da prova nova, observado o prazo máximo de 5 (cinco) anos, contado do trânsito em julgado da última decisão proferida no processo.
>
> § 3º Nas hipóteses de simulação ou de colusão das partes, o prazo começa a contar, para o terceiro prejudicado e para o Ministério Público, que não interveio no processo, a partir do momento em que têm ciência da simulação ou da colusão.

O art. 495, do CPC/73, por sua vez, prescreve:

> Art. 495. O direito de propor ação rescisória se extingue em 2 (dois) anos, contados do trânsito em julgado da decisão.

A comparação revela que o art. 975 fixou como termo inicial do biênio extintivo (decadencial), para o ajuizamento da rescisória, a data do trânsito em julgado "da última decisão proferida no processo", enquanto o art. 495 se refere ao..."trânsito em julgado da decisão", não mencionando a palavra "última". A diferença é importante, pois trará à tona a controvérsia instaurada na jurisprudência, relativamente às hipóteses em que ocorrem no trâmite do processo, a coisa julgada "fatiada" ou "por capítulos". Vale dizer, hipoteticamente, houve condenação ao pagamento de danos materiais, decisão que transitou em julgado; todavia, tal inocorreu em relação à pretensão de danos morais, de honorários ou do termo inicial de juros etc., ainda em discussão.

Reitere-se que o eg. STJ pacificou, com a edição da Súmula 401, publicada no DJe de 13/10/2009, sua jurisprudência, a saber:

> "O prazo decadencial da ação rescisória só se inicia quando não for cabível qualquer recurso do último pronunciamento judicial. " (Súmula 401, CORTE ESPECIAL, julgado em 07/10/2009, DJe 13/10/2009).

Verifica-se que tal verbete harmoniza-se com o novo art. 475, ou melhor, este harmoniza-se com aquele, pois superveniente. Não obstante, ao julgar o RE 666.589/DF, a primeira turma do eg. STF, decidiu diversamente, como já comentado anteriormente.

A superveniência do dispositivo processual em apreço, que é explícito ao mencionar "última decisão", como termo *a quo* do biênio, encerra clareza não existente no art. 495, de 1.973, o que prenuncia a perspectiva segundo a qual a matéria poderá vir a gerar controvérsia, ainda, sobretudo levando-se em conta que, a par do seu ângulo legal, subsiste, também, a "envergadura constitucional da coisa julgada", segundo expressão contida na ementa do RE 666.589/DF. No subitem 6.1, *retro*, externamos nosso pensamento a respeito. O § 3º, do art. 966, inovou, legislativamente, embora, na prática, tal já era consagrado, dispondo:

> § 3º A ação rescisória pode ter por objeto apenas 1 (um) capítulo da decisão.

É interessante assinalar que, recentemente, a Corte Especial, do STJ, ao julgar os Embargos de Divergência no REsp 1.352.730-AM, do qual foi Relator o em. Min. RAUL ARAÚJO, à unanimidade, além de reiterar a tese da Súmula 401, assentou que mesmo sendo intempestivo o recurso, "salvo na hipótese de má fé do recorrente", tal prazo só se inicia após findar-se a discussão sobre a tempestividade do recurso, conforme ementa já transcrita, anteriormente.

O § 1º, ao prever a prorrogação do termo final nas hipóteses que menciona, consolidou, legalmente, jurisprudência já sedimentada em igual sentido, conforme, exemplificativamente, EREsp 667.672, Corte Especial do STJ, com a seguinte ementa:

"PROCESSUAL CIVIL. EMBARGOS DE DIVERGÊNCIA. BIÊNIO DE INGRESSO PARA AÇÃO RESCISÓRIA. TÉRMINO NO CURSO DE FÉRIAS FORENSES. PRORROGAÇÃO DO PRAZO PARA O 1º DIA ÚTIL. FUNCIONAMENTO REGULAR DO PROTOCOLO DO TRIBUNAL. IRRELEVÂNCIA. INEXISTÊNCIA DE PREVISÃO NOS ARTIGOS 174 E 275 DO CPC. PRECEDENTES. DIVERGÊNCIA RECONHECIDA NO SENTIDO DO ACÓRDÃO PARADIGMA. PROVIMENTO DO PEDIDO PARA O FIM DE PRORROGAR O PRAZO DE AJUIZAMENTO DA AÇÃO RESCISÓRIA PARA O PRIMEIRO DIA ÚTIL SEGUINTE. AUTOS ENVIADOS AO JUÍZO DE PRIMEIRO GRAU, PARA O REGULAR JULGAMENTO DO FEITO. 1. Cuida-se de embargos de divergência interpostos com o propósito de ver acolhida a tese segundo a qual, recaindo o último dia do prazo bienal para o ajuizamento de ação rescisória durante férias forenses, prorroga-se, até o primeiro dia útil, esse lapso temporal. Como registrado nos autos, o acórdão embargado ratificou o julgado recorrido e negou provimento ao recurso especial sob o entendimento de que, estando o Tribunal em funcionamento regular, não havia motivo de direito para a pretendida prorrogação do prazo de ajuizamento da ação rescisória. O acórdão indicado como paradigma, por seu turno, assentou que, expirando-se o biênio de ingresso de ação rescisória durante as férias forenses, prorroga-se o prazo de ajuizamento para o primeiro dia útil seguinte ao daquele período. 2. Com razão a parte embargante. A ação rescisória não está contemplada, de forma expressa ou tácita, como sendo ação que tenha curso regular no período de férias forenses. Assim, não é possível se ampliar a regra processual que está configurada nos artigos 174 e 275 do CPC, que veda a suspensão/prorrogação dos prazos forenses nas hipóteses em que especifica. 3. Não é relevante para a situação o fato de se tratar, na espécie, de férias forenses ou de recesso, uma vez que tanto em uma como em outra hipótese, os Tribunais mantêm em funcionamento regular os serviços de protocolo, o que se dá, inclusive, no âmbito desta Corte Superior. Também não repercute no desate do litígio a natureza prescricional ou decadencial conferida ao prazo. 4. Em verdade, ao se prorrogar o prazo para o primeiro dia útil, em razão de o lapso temporal se expirar no curso de férias forenses, está-se possibilitando à parte a opção de utilizar ou não esse favor legal. Contudo, não se mostra de direito o inverso, ou seja, retirar da parte o direito à prorrogação do prazo. 5. É nesse sentido, aliás, a jurisprudência reiterada desta Corte Superior, não havendo razão, ao menos no caso em exame, para se aplicar entendimento diverso, como demonstrado: PROCESSUAL CIVIL. AÇÃO RESCISÓRIA. DECADÊNCIA. TÉRMINO DO PRAZO EM DIA NÃO ÚTIL. PRORROGAÇÃO. –

Ainda que decadencial, o prazo para ajuizamento da ação rescisória prorroga-se para o primeiro dia útil. (AgRg no Resp 747.308/DF, DJ 19/03/2007, Rel. Min. Humberto Gomes de Barros) 6. No mesmo sentido: Resp 167.413/SP, DJ 24/08/1998, Rel. Min. Garcia Vieira; Resp 84.217/MG, DJ 03/02/1997, Rel. Min. Demócrito Reinaldo; Resp 51.968/SP, DJ 10/10/1994, Rel. Min. Cesar Asfor Rocha; Enunciado nº 100 do TST: – [...] IX – Prorroga-se até o primeiro dia útil, imediatamente subsequente, o prazo decadencial para ajuizamento de ação rescisória quando expira em férias forenses, feriados, finais de semana ou em dia em que não houver expediente forense. Aplicação do art. 775 da CLT. (ex-OJ nº 13 da SBDI-2 – inserida em 20.09.00). 7. Embargos providos para o fim de que, reconhecida a divergência, seja empregada na hipótese em exame a solução adotada pelo acórdão embargado, prorrogando-se o prazo de ajuizamento da ação rescisória para o primeiro dia útil seguinte, porquanto a expiração do biênio autorizativo do pleito rescisório ocorreu no curso das férias forenses. Em decorrência, sejam os autos enviados ao juízo de primeiro grau, para o regular julgamento do feito." (EREsp 667.672/SP, Rel. Ministro JOSÉ DELGADO, CORTE ESPECIAL, julgado em 21/05/2008, DJe 26/06/2008)

Quando a rescisória se fundar no inciso VII, do art. 966, ou seja, obtenção, pelo autor, de prova nova, após o trânsito em julgado da decisão, prova por ele ignorada ou da qual não pôde fazer uso, o termo inicial do prazo será a data da descoberta de tal prova, observado, no entanto, o prazo máximo de 05 anos, contados do trânsito em julgado da última decisão proferida no processo. Assim, se tal descoberta ocorrer além de 05 anos da última decisão, estará definitivamente preclusa a via rescisória, consolidando-se em definitivo a chamada coisa julgada material soberana. É um prazo diferente, porque se tal descoberta ocorrer, digamos, um ano após a última decisão a que se refere o § 2º, do art. 975, o autor ainda terá mais quatro anos para a propositura da ação, quando, nas demais hipóteses de rescindibilidade, tal prazo decadencial é de 02 anos.

O § 3° do mesmo artigo, prescreve que, se se tratar de simulação ou colusão das partes (inciso III, art. 966), tal prazo, para o terceiro prejudicado e para o Ministério Público, que não interveio no processo, começa a ser contado a partir do momento em que tiverem ciência – acrescentamos, inequívoca – de tal prática viciosa, aplicando-se, também, na espécie, o contido no § 2º, em relação aos termos inicial e final do prazo, que deve ser limitado, igualmente, ao mesmo quinquênio a contar do trânsito em julgado da última decisão proferida no processo. Neste aspecto, o § 3º, em sua interpretação,

deve vincular-se ao § 2º, do mesmo art. 975, pois não faria sentido interpretação outra que o subordinasse, diretamente, ao *caput*, relativamente à decadência bienal, mesmo porque, não mencionando, como faz o § 2º, o seu termo inicial – última decisão proferida no processo –, por lógica, ao § 3º deve atribuir-se igual compreensão, sempre tendo como limite temporal o referido quinquênio.

Aspecto interessante consiste na exclusão, a *contrario sensu* do seu teor, do Ministério Público, quando este interveio no processo, da aplicação de tal regra. Haverá, como há, processos em que o MP interveio e, ainda assim, pode ter ocorrido simulação ou colusão das partes, vícios ou defeitos do ato jurídico, como se sabe, muitas vezes difíceis de serem detectados, ante a sua origem maliciosa, ardilosa, hábil a enganar tanto o Juízo quanto o MP. Destarte, se se evidenciado tal aspecto, não é justo e nem razoável que se afaste a extensão, concretamente, da regra inscrita no § 3º, ao Ministério Público, que tem, dentre suas inúmeras atribuições, aquela de velar pela higidez da ordem jurídica – CF, art. 127 –, a qual, ocorrendo simulação ou colusão, com objetivo de fraudar a aplicação da lei, intento obtido, concretamente, foi vulnerada. É claro que só o caso concreto revelará se se deve, mesmo tendo o órgão do MP atuado, admitir a seu favor, a aplicação do aludido parágrafo, pois muitas vezes a sua atuação foi meramente formal, sem a necessária profundidade processual que, se tivesse ocorrido, poderia ter frustrado a simulação ou a colusão. Ante sua eventual incúria, todavia, não se lhe deve estender tal regra, pois estar-se-ia a chancelar, indiretamente, a sua atuação displicente, desinteressada na higidez do respectivo processo. Caso, todavia, a despeito da sua diligente atuação, ainda assim, o intento das partes foi alcançado, à base de sua simulação ou colusão, aí sim, justificaria, como justifica-se, estender-se a regra do § 3º, do art. 975, ao MP, mesmo tendo este atuado no processo originário. É aspecto que merece reflexão, o que certamente ocorrerá, tanto no plano da doutrina quanto da jurisprudência.

2. OBRIGATORIEDADE DO DEPÓSITO E CASOS DE DISPENSA

A exigência contida no item II do art. 488 tem por escopo desestimular o ajuizamento indiscriminado e temerário de rescisórias, o que poderia comprometer, sem fundamento razoável, a estabilidade das relações jurídicas proporcionada pelo instituto da coisa julgada.

Em tal sentido, dentre outros, o seguinte acórdão:

> "Processual civil. Ação rescisória. Multa. Arts. 488 e 494 do CPC. Fazenda Pública. Dispensabilidade.

A Fazenda Pública está dispensada da multa referente ao art. 494 do CPC.

O depósito descrito no inc. II do art. 488, do CPC, tem a finalidade de impedir o ajuizamento de ações injustificadas, reservando-se essa via processual às hipóteses adequadas ao espírito teleológico do art. 485, do CPC.

- A multa dos arts. 488 e 494, do CPC, não possui caráter indenizatório, mas apenas repressivo ao abuso no exercício do direito de ação. Neste contexto, ao excluir a União do depósito prévio em tela, a legislação ratificou aos entes públicos a presunção de observância aos procedimentos legais e éticos, compatíveis com os deveres e atributos da Administração Pública.

Precedente (REsp. n° 4.999-SP, rel. min. Milton Luiz Pereira, DJ de 19.6.95).

Embargos infringentes rejeitados." (Embargos Infringentes em AR n° 568-SP, relator ministro Francisco Falcão, 1ª Seção, v.u., *in* DJ-1 de 18.2.2002, p. 211)

O depósito referido no inc. II, supra, incide sobre o valor da causa, o qual, em regra, será o mesmo atribuído à ação da qual resultou a decisão rescindenda, atualizado monetariamente, se for o caso (RTJ 144/157, RT 568/146).

Conforme parágrafo único do art. 488, a UF, Estados, Municípios e o Ministério Público estão dispensados de efetuar o depósito da multa; por compreensão extensiva, igualmente o Distrito Federal.

Quanto às autarquias e fundações públicas, também ocorrerá a sua dispensa, desde que exista na lei de regência norma expressa atribuindo à respectiva entidade iguais prerrogativas e privilégios conferidos à Fazenda Pública.

Como exemplo, em relação ao INSS, ente autárquico, existe a Lei n° 8.620/93, art. 8°, além da Súmula n° 175, do eg. STJ, que consagrou jurisprudência oposta à do então e eg. TFR, contida na Súmula n° 129.

Conforme jurisprudência predominante, ainda se incluem neste rol:

- o beneficiário da justiça gratuita (AR n° 43-SP, STJ, 1ª Seção, DJU de 30.04.90; ESTJ 04, item 214);

- a massa falida (RJTJESP 112/261);

- o cidadão-autor, em lide, tendente a rescindir decisão em ação popular (RT 494/72) e CF, art. 5°, LXXIII, em sua inteligência, e, por igual razão, o autor que pretenda desconstituir decisão resultante de julgamento de ação civil pública (art. 18, Lei n° 7.347/85).

Embora desobrigados do depósito, subsiste a polêmica sobre se tais pessoas estarão obrigadas a pagar ou não, afinal, a multa, caso se aperfeiçoe a segunda parte do art. 494/CPC.

A nosso aviso, a resposta é negativa.

Com efeito, a exegese de tal preceito induz ser pressuposto fundamental que tanto a restituição quanto a reversão, ali mencionadas, exijam que tenha ocorrido o prévio depósito da multa.

Não há como desvincular tais acontecimentos processuais do depósito anterior, pois, como óbvio, restituir-se ou reverter-se só poderá ocorrer em relação àquilo que já existe, tangivelmente. Logo, se há tal dispensa, não há que se falar em restituição ou reversão. Ademais, a lei não fala em condenação a tal título, não sendo legítimo fazê-la por interpretação.

Em outros termos, sendo a parte vencida desobrigada do depósito, não se poderá concluir que a mesma deverá ser condenada, de qualquer sorte, ao pagamento da multa, uma vez que esta conseqüência não se encontra prevista na lei.

3. PRAZO PARA RESPOSTA

Há peculiaridade no que toca ao prazo para resposta, que, em parte, é legal, e em outra, judicial, pois a norma estabelece limites mínimo (15 dias) e máximo (30 dias), deixando à discrição do mesmo, à luz do caso concreto, estabelecer o seu quantitativo, observados aqueles parâmetros. Caso, eventualmente, omita-se o relator em assinar o prazo para resposta, há dúvida sobre se tal será de 15 ou 30 dias.

Há razões ponderáveis em favor das duas linhas. Perfilhamos posição no sentido de que tal, no caso, será de 30 dias, levando-se em conta o preceito magno (art. 5º, LV, CF), que assegura a ampla defesa e a natureza incomum da rescisória, que, normalmente, conduz a discussões mais complexas, a exigir mais tempo das partes.

De qualquer sorte, o art. 225, VI, determina, sob pena de nulidade, que do mandado conste o prazo para a defesa.

Incidem, outrossim, as normas dos arts. 188 e 191, ambos do CPC?, questiona a doutrina.

Da exegese do art. 491, especialmente do advérbio – nunca – ali empregado, pode-se concluir que não se aplicam. Com efeito, nunca significa jamais, a traduzir ordem enfática no sentido da impossibilidade de se reduzir ou estender aquele lapso temporal. Além disso, cuida-se de prazo próprio, específico, a exemplo do que se verifica com o prazo do art. 730, do mesmo Código.

Ademais, a rescisória envolve, em regra, questões apenas de Direito, já discutidas e apreciadas pela decisão rescindenda. O prazo previsto no art. 491, assim, é bastante razoável, levando-se em conta, inclusive, tais aspectos, sem se olvidar da imperatividade, cogência mesmo, que o legislador atribuiu a tal preceito, revelada no advérbio nunca.

Além disso, a aplicação dos arts. 188 e 191, sobretudo do primeiro, poderia, como pode, ensejar ao réu um prazo de até 120 dias para responder ao pleito rescisório!...

É evidente o despropósito de tal lapso, mormente quando se procura, avidamente, agilizar o desfecho das ações, não vindo apelo à máxima segundo a qual "a pressa é inimiga da perfeição", pois é mais do que suficiente, para tal finalidade, o prazo de 15 a 30 dias, previsto no art. 491.

Esta é a nossa interpretação, embora sabendo que há divergência tanto doutrinária quanto jurisprudencial a respeito.

Dentre outros, pela inaplicabilidade, acórdão da lavra do em. des. Barbosa Moreira, a saber:

> "Ação rescisória. Prazo para resposta. Fixação pelo relator. Inaplicabilidade do art. 188 do CPC.
>
> Não se aplica ao processo da ação rescisória, em que o prazo da resposta é fixado pelo relator, o disposto no art. 188 do CPC." (RT 547/177-8)

Em sentido diverso, acórdão unânime da 2ª Seção do STJ, na AR nº 250-MT (Ag. Reg.), relator em. Ministro Barros Monteiro, com a seguinte:

> "Ementa: Ação rescisória. Prazo em quádruplo para autarquia oferecer contestação.
>
> Mantém-se o benefício estabelecido pelo art. 188 do CPC, mesmo após o advento da Carta Política de 1988.
>
> Agravo regimental a que se nega provimento." (DJU de 06.08.1990)

Observe-se que o acórdão do eg. TJRJ foi reformado pelo col. STF, ao julgar o RE 94960-RJ, DJ de 08.10.1982, não obstante as premissas em que se alicerçou permanecem, para nós, incólumes.

A citação poderá assumir quaisquer das modalidades inscritas no art. 221/CPC, observado o respectivo regimento interno.

Apresentada a resposta, na compreensão do art. 297/CPC, o feito observará as demais formalidades do procedimento ordinário, inclusive com a possibilidade do seu julgamento antecipado, havendo necessidade de produção de provas, conforme enuncia o art. 492:

> "Se os fatos alegados pelas partes dependerem de prova, o relator delegará a competência ao juiz de Direito da comarca onde deva ser produzida, fixando prazo de 45 (quarenta e cinco) a 90 (noventa) dias para a devolução dos autos."

Normalmente, encerrada a instrução, ou independentemente dela, conforme o art. 493 será aberta vista às partes, em prazo sucessivo de 10 dias, para apresentar razões finais.

Inexistirá, no entanto, nulidade quando não se faculte aquela providência, porque não houve instrução suplementar, no caso (Ag. n° 4.826-SP, 3ª T., STJ, DJU de 09.10.90).

4. REVELIA – SUA INAPLICABILIDADE

Quanto à ocorrência ou não dos efeitos da revelia, na ação em foco, o STJ, pela 1ª Seção, ao julgar a AR n° 193-SP, relatada pelo em. Ministro Adhemar Maciel, concluiu pela sua inaplicabilidade (DJU de 05.03.90); no mesmo sentido, AR n° 213-RJ, relator em. Ministro Waldemar Zveiter, 2ª Seção, contendo o acórdão publicado em RSTJ 19/93 a seguinte:

> "Ementa: Ação rescisória. Propriedade industrial. Marca de indústria e comércio. Caducidade. Força maior. Art. 485, V, do CPC. Alegada violação aos arts. 153, § 4º, da CF anterior, 2º, 128, 262 a 264, 282, III, 293 e 460, do CPC, 88, § 1º e 94, do CPI. Revelia. Improcedência.
>
> I – Preliminarmente, embora caracterizada a revelia, no caso, consoante a doutrina, seus efeitos (art. 319, do CPC) não alcançam o pleito, porque em sede de Ação Rescisória o que importa, em regra, é a preservação da coisa julgada, em respeito ao princípio da sua imutabilidade, sendo a rescindibilidade do julgado a exceção.
>
> II – Inexistente violação aos dispositivos de lei, apontados pela autora, assim como inocorrente errônea interpretação, como se infere dos próprios fundamentos do acórdão rescindendo.
>
> III – Estabelecida a litiscontestactio não pode a autora modificar o pedido, como sustentado no memorial ofertado e na defesa oral.
>
> VI – Inexistência de erro de fato, pois que no aresto rescindendo não se encontram os limites que o define os §§ 1º e 2º, do art. 485, do CPC.
>
> V – Defeso, na via da rescisória, rediscutir fatos e provas controvertidos no acórdão rescindendo ou o critério de sua avaliação.
>
> VI – Improcedência da ação."

O núcleo da questão reside, pois, na indisponibilidade que envolve a coisa julgada, cuja preservação, em princípio, é de interesse comum, público, atraindo a regra do art. 320, II, do CPC, afastando os efeitos materiais da revelia (art. 319), subsistindo, todavia, seus efeitos processuais (art. 320, I).

5. DA INTERPOSIÇÃO DE RECURSO ÀS DECISÕES INTERLOCUTÓRIAS

As decisões interlocutórias do relator são passíveis ou não de serem impugnadas por agravo interno, dependendo de sua previsão regimental, o que normalmente ocorre.

Do respectivo acórdão, resultante do julgamento de agravo regimental, em tese, serão admissíveis embargos de declaração, REsp. e/ou RE, em princípio retidos (art. 542, § 3°, CPC), caso estejam presentes os seus pressupostos.

Na ausência de norma regimental, de duas uma: não haverá como se reconhecer a preclusão temporal de tais decisões, a exemplo do que ocorre no processo trabalhista (art. 893, § 1°, da CLT, e Súmula n° 214, do TST); ou ficará aberta a possibilidade de sua impugnação até mesmo por mandado de segurança, desde que presentes os seus peculiares requisitos.

6. INTERVENÇÃO DO MP E DE TERCEIROS

Outro aspecto a ser lembrado consiste na necessidade ou não da intervenção do órgão do MP, em tal procedimento. Certa corrente doutrinária pugna por sua intervenção sistemática, dada a indisponibilidade da coisa julgada. Ao revés, outra entende que sua participação deve ocorrer quando caracterizada uma das hipóteses inscritas no art. 82 do CPC, cuja matriz superveniente é o art. 127 da CF.

Bem ponderada a espécie, a segunda posição parece mais consentânea com os princípios que regem a atuação do parquet, pois a qualidade da coisa julgada, por si só, não protege direitos cujo teor sejam indisponíveis, pois, muitas vezes, incide sobre bens materiais ou imateriais, cujos titulares tem capacidade para deles disporem.

Em síntese, a coisa julgada, por si só, não obstante o seu relevo jurídico, não é apta a determinar a intervenção ministerial sem que estejam presentes "...interesses sociais e individuais indisponíveis" na acepção do texto constitucional.

A despeito da discussão, é certo que os regimentos dos tribunais, em geral, consagram a obrigatória manifestação do órgão do parquet. Sendo certo, ainda, que, perante o eg. STF, sua manifestação é imperativa em todos os feitos que lá tramitam – CF, art. 103, § 1° –, embora o mesmo tenha mitigado a sua incidência conforme STF, Ag. Rg. RE 167224-2/MG, rel. em. Ministro Nery da Silveira, un. 2ª Turma, julg. 21.03.2000.

Quanto à intervenção de terceiros, em princípio, coadunam-se com esta ação as figuras da assistência, do litisconsórcio, da denunciação da lide, desde que preenchidos seus requisites legais.

7. O JUÍZO RESCINDENDO E NOVO JULGAMENTO DA CAUSA

Anote-se que, como regra, mostra-se inadmissível a produção de novas provas em ação rescisória, quando se encontra devidamente aparelhada (STJ, AgRg AR n° 2.013, DJ de 16.02.2004), muito menos quando se pretenda o reexame de prova produzida originariamente (STJ, AR n° 2.454, DJ de 03.11.2004), o que impende o indeferimento dos requerimentos probatórios.

Feito o relatório, serão os autos encaminhados ao revisor, o qual aporá seu visto e pedira dia para julgamento, na dicção do art. 551 do CPC.

Publicada a pauta (arts. 552 e segs.), o julgamento, em regra, se desdobrará em dois momentos sucessivos na mesma sessão: haverá o juízo rescindente (*iudicio rescindens*) e o juízo rescisório (*iudicio rescissorium*).

Vale dizer, usualmente haverá o pedido de rescisão da sentença e novo julgamento da causa. Tal situação decorre do inc. I do art. 488, porquanto o autor procede a uma cumulação objetiva (dois pedidos sucessivos): o de desconstituição do julgado e o de substituição deste por nova decisão, se for o caso. Anote-se que, embora a parte deva fazer os pedidos explicitamente, em atenção, inclusive, à regra do art. 293, havendo omissão quanto ao segundo pedido, entender-se-á que o mesmo se encontra implícito, por ser da natureza desta espécie de ação (RT 646/136, RJTJESP 110/396, 117/361, REsp. 1.544-RJ, relator em. Ministro Athos Carneiro, DJU de 29.04.91), havendo, no entanto, orientação diversa, no sentido da necessidade de o pedido ser explícito (STJ, REsp. n° 386.410, DJ de 14.06.2004).

Em suma, o caso concreto é que indicará a necessidade, ou não, de tal cumulatividade; sendo certo, no entanto, que as hipóteses dos incs. I, II, III e IV, do art. 485, normalmente, ensejam só juízo rescindente porque são motivos de rescisão atinentes a aspectos apenas processuais; enquanto os demais incisos estão entrosados com aspectos de mérito, autorizando a referida cumulação.

Objetivando não suprimir um grau de jurisdição, preservando-se, sobretudo, o princípio do juízo natural, quanto aos incs. I, II e III, será necessária, uma vez rescindida a coisa julgada, a remessa dos autos ao juízo competente para proferir novo julgamento, como for de direito.

Quanto ao inc. IV, se rescindida a segunda coisa julgada, ficará restabelecida a primeira, pleno *iure*, sendo, naturalmente, desnecessária ulterior providência judicante.

A seguir, prescreve o art. 494:

> "Julgando procedente a ação, o tribunal rescindirá a sentença, proferirá, se for o caso, novo julgamento e determinará a restituição do depósito;

declarando inadmissível ou improcedente a ação, a importância do depósito reverterá a favor do réu, sem prejuízo do disposto no art. 20."

Em tal preceito, como se verifica, ocorre uma inversão da ordem natural do julgamento, pois a *inadmissibilidade* da ação precede, logicamente, o exame do mérito, o qual, obviamente, ficará prejudicado se não ultrapassada aquela fase.

O tribunal procede ao exame dos pressupostos processuais e condições genéricas da ação, dando ênfase, porém, à possibilidade jurídica do pedido rescisório, na medida em que a norma prevê o específico exame de sua admissibilidade ou não.

Tal consiste em averiguar se o pleito se adapta, tipicamente, a um dos permissivos inscritos no art. 485; daí o porquê de o art. 494 ter destacado que o tribunal, se for o caso, deverá declarar *inadmissível* a pretensão, a indicar o cuidado que deve ter o órgão julgador quanto a esta peculiar condição da ação.

No seu julgamento, competirá ao tribunal, por seu órgão competente (art. 482, II/CPC), verificar se a hipótese constante da inicial se enquadra ou não em um dos permissivos do art. 485 e, se for o caso, do art. 1.030; no caso de não encontrar a devida adequação ao parâmetro legal, deverá emitir juízo de extinção do feito, sem julgamento do mérito.

Superada tal fase preliminar, adentrar-se-á o mérito, o que deve ser feito em dois momentos:

> 1) O primeiro, traduzido no juízo rescindente (*iudicium rescindens*);
>
> 2) O segundo, no juízo rescisório (*iudicium rescissorium*).

Pelo primeiro, apura-se se ficou ou não provada a ocorrência efetiva daqueles fatos. O tribunal só poderá rescindir pelos motivos invocados pela parte autora; se indemonstrada a respectiva ocorrência, deverá a Corte julgar improcedente o pleito rescisório.

Definido, positivamente, o feito na fase *rescindente*, passa-se, se for o caso, ao juízo *rescisório*. Vejamos as várias hipóteses que podem sobrevir:

> a) Pode ocorrer que o tribunal chegue a resultado idêntico ao julgamento originário, vale dizer, mantém aquela decisão, julgando improcedente a rescisória;
>
> b) Pode chegar a solução diversa, quando, diante da verificação de *error in iudicando*, culmina por reformar, total ou parcialmente, a decisão rescindenda; ou, verificando *error in procedendo*, decretará a nulidade do julgado, proferindo nova decisão, ou, se for o caso, determinando que tal o faça o juízo competente. Logo, concluirá pela procedência – total ou parcial – do pleito.

Usualmente, os dois juízos referidos (rescindente e rescisório) se entrelaçam, gerando, até mesmo, dificuldade em distingui-los. O caso concreto é que revelará a coexistência, ou não, de ambos.

8. DESTINAÇÃO DO DEPÓSITO

Outro aspecto a ser examinado pelo tribunal consiste na destinação do depósito efetuado pelo autor, na forma do art. 488, II, uma vez que, sendo a pretensão declarada inadmissível ou improcedente, por *unanimidade*, frise-se, seu valor reverterá a favor do réu, sem prejuízo das verbas sucumbenciais (art. 494); todavia, caso a ação seja declarada inadmissível ou improcedente, por *maioria*, o valor da multa lhe será restituído, tanto quanto se acolhida a demanda, por qualquer votação.

Poderá ocorrer que o réu, citado, não apresente resposta, configurando-se a sua contumácia, cabendo a indagação se o depósito, em tal circunstância, reverterá ou não para ele, uma vez verificados os requisitos do item II, arts. 488 c/c 494, do CPC.

Em princípio, haveria similitude entre esta situação e aquela consistente na não-condenação de honorários a favor do revel, quando vitorioso (RT 520/178).

Há, no entanto, diferenças ontológicas nas duas situações, a saber: os honorários visam a ressarcir os gastos efetuados pela parte vitoriosa, de forma a evitar qualquer decréscimo em seu patrimônio, resultante da demanda, daí incidirem objetivamente. Ocorre, todavia, que, sendo revel, mesmo vitorioso, não arcou com despesa alguma a justificar ressarcimento a tal título.

Diferentemente, o depósito tem como escopo desestimular o ajuizamento de rescisórias visivelmente incabíveis, assumindo a natureza jurídica de multa, com evidente finalidade inibitória, daí a sua reversão, se concretizados os pressupostos legais (art. 488, II c/c 494), a favor do demandado, mesmo revel, embora não equânime, conforme tópico adiante. Neste sentido, decidiu o eg. TJ/RJ, ao julgar a AR nº 1.437, cujo relator foi o saudoso desembargador Luiz Antônio de Andrade, unânime, 4º Gr. de Câmaras Cíveis, julgado em 13.07.77, assim ementado:

> "O réu revel, diante do julgamento pela improcedência da ação rescisória, tem direito a levantar o depósito de 5% do valor da causa."

Em síntese, os arts. 488, II, e 494, combinadamente, apresentam, no ponto, a seguinte alternativa:

> - Caso a mesma seja inadmissível ou improcedente, *por unanimidade*, o mesmo será revertido em favor do réu;

- Caso a ação seja julgada procedente, inadmissível ou improcedente, *por maioria*, o valor do depósito será restituído ao autor.

Sendo este revel, será justa a reversão? Por outro lado, não se adotando tal conseqüência, seria justo restituí-lo ao autor, que *unanimemente* sucumbiu?

Estas são as duas opções possíveis. Ambas, porém, injustas.

A primeira porque premia o revel. A segunda porque premia o autor de ação absolutamente infundada, tanto que rejeitada unanimemente.

Poder-se-ia cogitar, quem sabe, em face de situação de tal natureza, na destinação de tal valor, por decisão do órgão jurisdicional competente, a favor do erário público, o que, em última análise, beneficiaria, em tese, a sociedade, que tem grande interesse na manutenção da coisa julgada como fator de paz social e segurança jurídica e, além disso, é responsável pela manutenção dos órgãos públicos.

Solução ortodoxa, naturalmente, seria, de *lege ferenda*, introduzir a variação ora sugerida.

Capítulo V

RECURSOS POSSÍVEIS NO ACÓRDÃO DA AÇÃO RESCISÓRIA

Julgada a ação, abre-se em favor do interessado a perspectiva da interposição de, pelo menos, *quatro recursos*, não se esquecendo de que, antes da prolação desse acórdão, caberá o chamado agravo regimental das decisões do relator (RSTJ 31/27).

São eles:

a) Embargos de Declaração, caso existam seus pressupostos, conforme o art. 535, do CPC;

b) Embargos Infringentes, na hipótese de existir (em) voto(s) vencido(s) – art. 530 do CPC. Anotando-se a modificação da Lei nº 10.352/2001, que exige, hodiernamente, que o pedido rescisório tenha sido julgado procedente, por maioria de votos, e não mais qualquer outro resultado, sendo necessária, inclusive, a sua interposição para possibilitar a via transordinária, conforme Súmulas n°s 281 e 207, respectivamente, do STF e STJ, a pressuporem exaurimento da via recursal ordinária, exceto se se tratar de apelação em mandado de segurança (Súmulas nos 169/STJ e 597/STF).

> "É inadmissível o recurso extraordinário, quando couber, na justiça de origem, recurso ordinário da decisão impugnada." (Súmula n° 28l/STF)

> "É inadmissível recurso especial quando cabíveis embargos infringentes contra acórdão proferido no tribunal de origem." (Súmula n° 207/STJ)

Pela redação originária do art. 530 do CPC bastava a existência de voto vencido quando do julgamento da rescisória para ensejar a interposição do recurso de embargos infringentes.

Sobreveio, no entanto, a Lei n° 10.352, de 26.12.2001, cuja eficácia iniciou-se em 28.3.2002, a qual deu nova redação ao referido artigo, *verbis*:

> "Cabem embargos infringentes quando o acórdão não unânime houver reformado, em grau de apelação, a sentença de mérito, ou houver julgado procedente ação rescisória. Se o desacordo for parcial, os embargos serão restritos à matéria objeto da divergência."

Como se verifica, restringiu-se o cabimento de tal recurso para só admití-lo quando o pleito rescisório for julgado procedente, por maioria de votos, valorizando-se – mais ainda – a eminência da coisa julgada. Caso se julgue improcedente, por maioria, não mais será cabível, com tal inovação, o aludido recurso. Restará à parte, em tese, as vias recursais transordinárias, se for o caso.

c) recurso especial, quando atendidos os requisitos constitucionais, arts. 105, III e alíneas, c/c 541 e segs., do CPC, e demais normas aplicáveis. É oportuno lembrar que, neste recurso, a matéria a ser discutida, a par de, ser somente de Direito (Súmulas n°s 5 e 7, do STJ, e 279 e 454, do STF), deverá estar, obrigatoriamente, entrosada com as questões decididas no acórdão rescisório, e não na decisão rescindenda (RSTJ 15/314, 66/221, 75/214, 82/219, 89/266, 95/283, 96/304 e 106/345).

Aliás, a Corte Especial do STJ, ao julgar o EREsp. nº 58.565-RJ, em 16.10.96, assentou:

> "A pretensa violação que enseja o especial deve situar-se no âmbito da própria rescisória, e, não, na causa que ensejou, em tese, o ajuizamento daquela." (RSTJ 96/308)

Quanto às súmulas citadas, a saber:

> "A simples interpretação de cláusula contratual não enseja recurso especial." (Súmula n° 05/STJ)
>
> "A pretensão de simples reexame de prova não enseja recurso especial." (Súmula n° 07/STJ)
>
> "Para simples reexame de prova não cabe recurso extraordinário." (Súmula n° 279/STF)
>
> "Simples interpretação de cláusulas contratuais não dá lugar a recurso extraordinário." (Súmula n° 454/ STF)

d) recurso extraordinário – CF art. 102, III e alíneas, c/c CPC, 541 e segs., além de demais normas incidentes – para este, valem as observações da letra anterior, *mutatis mutandis*.

É importante lembrar que o acórdão pode conter duplo fundamento – constitucional e infraconstitucional –, cada um, por si, suficiente para mantê-lo. Nesta hipótese, a parte deverá interpor, simultaneamente, em petições autônomas, os dois recursos – REsp e RE –, sob pena de incidir os vetos das Súmulas nºs 126 e 283, respectivamente, do STJ e STF, a saber:

> "É inadmissível recurso especial, quando o acórdão recorrido assenta em fundamentos, constitucional e infraconstitucional, qualquer

> deles suficiente, por si só, para mantê-lo, e a parte vencida não manifesta recurso extraordinário." (Súmula n° 126/STJ)
>
> "É inadmissível o recurso extraordinário, quando a decisão recorrida assenta em mais de um fundamento suficiente e o recurso não abrange todos eles." (Súmula n° 283/STF)

Cumpre registrar, ainda, que o RE eventualmente manifestado deverá dirigir-se contra os fundamentos resultantes da decisão na rescisória, e não contra aqueles contidos na decisão rescindenda.

Veja-se o seguinte precedente do STF, princípio que, *mutatis mutandis*, também serve para o REsp.

> "Recurso extraordinário. Ação rescisória.
>
> - As alegações de ofensa aos arts. 5º, II e XXXVI, 22, 1, 37, caput, e 61, § 1º, todos da Constituição, dizem respeito às violações constitucionais que teriam sido cometidas pelo aresto rescindendo, e em recurso extraordinário contra o acórdão que entendeu incabível a rescisória não podem ser levados em conta, porquanto é tranqüila a jurisprudência desta Corte no sentido de que o *recurso extraordinário*, em ação rescisória, deve dirigir-se aos pressupostos desta e não aos fundamentos da decisão rescindenda.
>
> - Por outro lado, como o enunciado da Súmula n° 343 se prende ao direito infraconstitucional, a simples alegação de que não é ela aplicável ao caso não dá margem a questão constitucional suscetível de ser examinada em recurso extraordinário.
>
> Recurso extraordinário não conhecido." (RE n° 293.111-0, relator min. Moreira Alves, 1ª Turma, v.u., *in* DJ-I de 19.5.2002, p. 64) (grifo nosso)

Capítulo VI

DA EXECUÇÃO E OUTROS ASPECTOS INCIDENTAIS

1. EXECUÇÃO DO ACÓRDÃO

A execução, como já assinalamos, caso exista, será levada a efeito pelo tribunal que proferiu o acórdão, forte no art. 575, I, do CPC, competindo ao relator presidi-la, observando-se o procedimento peculiar à satisfação de qualquer crédito reconhecido em título executivo judicial, podendo advir, daí, os incidentes próprios de tal fase: v.g., liquidação, embargos do devedor, de terceiro, à arrematação, caso dos arts. 730 e segs., do CPC, com os eventuais recursos cabíveis.

É cabível, em tese, inclusive a chamada execução provisória – art. 588 do CPC -, desde que presentes os seus pressupostos.

2. AÇÃO ANULATÓRIA

O art. 486, do CPC, prescreve:

> "Os atos judiciais, que não dependem de sentença, ou em que esta for meramente homologatória, podem ser rescindidos, como os atos jurídicos em geral, nos termos da lei civil."

Por "rescindidos" compreende-se a possibilidade de desfazimento da decisão por vícios de nulidade ou anulabilidade, respectivamente, tratados nos arts. 145 e 147, ambos do CC (RSTJ 4/1.537).

A boa compreensão de tal preceito recomenda a sua decomposição. A primeira parte indica quais atos não serão objetos de pleito rescisório, e sim de eventual ação ordinária de nulidade ou anulação.

São eles:

a) atos judiciais que independem de sentença (p. ex.: execução, adjudicação, arrematação, remição etc., quando não opostos embargos).

O que caracteriza, portanto, em princípio, tais atos é o fato de que, sendo formalmente decisões interlocutórias, materialmente, no entanto, não resolvem, no curso do processo, questão incidente alguma, limitando-se, como regra, a verificar a regularidade formal daquele ato processual.

No REsp. n° 66596-RS, relator em. Ministro Waldemar Zveiter, a 3ª Turma, do eg. STJ, decidiu:

> "Ementa: *Processual civil. Arrematação. Argüição de nulidades.*
>
> I. Nulidades não se caracterizam, quando tais vícios argüidos desde a execução até a arrematação são rebatidos com os fatos e provas contidos nos autos (Súmula n° 07/STJ); sabido ainda que podem ser apontados em sede própria, como matéria de defesa, nos embargos do devedor ou na execução ou até mesmo na arrematação. Fora disso, terá o interessado de propor ação anulatória pelas vias ordinárias, isso porque, não havendo sentença no procedimento de *arrematação*, o ato processual em causa é daqueles que se anulam por ação comum (atos jurídicos em geral).
>
> II. Recurso não conhecido."

Em ato judicial de tal natureza, o órgão judicante, para praticá-lo, limita-se ao exame das formalidades legais, não emitindo nenhum juízo de valor a respeito. Daí a sua eventual impugnação não ocorrer através de rescisória, pela ausência de exame de mérito e, conseqüentemente, de coisa julgada material.

No processo de execução, salvo as raríssimas hipóteses de exceção de pré-executividade, a defesa do executado deverá ser feita através de embargos à execução. Inocorrendo, todavia, a sua oposição, e tendo o devedor pago o valor cobrado, ainda assim poderá este intentar ação anulatória do título executivo embasador da execução, aduzindo os argumentos que seriam cabíveis na ação incidente de embargos.

A propósito, veja-se precedente relatado pelo em. Ministro Athos Carneiro, com a seguinte ementa:

> "Inocorre preclusão, e, portanto a validade e eficácia do título executivo extrajudicial podem ser objeto de posterior ação de conhecimento, quando na execução não forem opostos embargos do devedor, e igualmente quando tais embargos, embora opostos, não foram recebidos ou apreciados em seu mérito. Inexistência de coisa julgada material, e da imutabilidade dela decorrente." (STJ, 4ª Turma, DJU de 20.05.91, *in* CPC, Theotonio Negrão, 30ª ed., Saraiva, ps. 678-9)

b) atos em que a sentença é meramente homologatória. De pronto aqui há sentença, diversamente da hipótese anterior. A mesma, no entanto, só o é formalmente, pois em sua substância não decidiu mérito algum, restringindo-se, mais uma vez, ao controle das formalidades extrínsecas para a prática daquele ato em juízo.

Existe grande controvérsia no que tange à sentença homologatória de transação: seria impugnável por rescisória ou por ação anulatória?

Tal questão fica mais aguda quando se examinam os arts. 269, III e 485, VIII, do CPC, além do 1.030, do CC.

Em outros termos, como identificar o meio adequado para impugná-la, ante tais dispositivos que conduzem a soluções diversas?

O eg. STF apresentou o seguinte e prático critério: quando proferida a sentença homologatória de transação em procedimento de jurisdição contenciosa, sua impugnação será através de rescisória; diversamente, se exarada em procedimento de jurisdição voluntária, cabível, para desconstituí-la, ação anulatória.

Ao julgar o RE nº 86.348-CE, relatado pelo em. Ministro Cunha Peixoto, a 1ª Turma do eg. STF decidiu (RTJ 94/677):

> "Ação rescisória. Pressuposto.
>
> A ação rescisória, tendo por finalidade elidir a coisa julgada, não é meio idôneo para desfazer decisões proferidas em processos de jurisdição voluntária e graciosa, não suscetíveis de trânsito em julgado, mormente quando a pretensão é formulada por quem não foi parte do feito administrativo.
>
> Recurso extraordinário conhecido e provido, para julgar a autora carecedora da ação."

Igualmente decidiu que, "'quando há incidentes e controvérsias judiciais, no processo de inventário, cabe a ação rescisória de partilha, e não a ação anulatória, porque a sentença então proferida não é meramente homologatória' (STF/RTJ 113/273 e STF/RT 597/233)" (*apud* Theotonio Negrão, *in* CPC, 30ª ed., 1999)."

Conclui-se daí, como regra, que sentença homologatória prolatada em sede contenciosa, com exame de mérito, exigirá, para sua eventual desconstituição, ação rescisória.

O que vem de ser consignado encontra respaldo, inclusive, no seguinte aresto do STJ:

> "Processo Civil. Transação que serve de fundamento para o pedido de desistência. Homologação pelo juiz. Ação anulatória. Não-cabimento.
>
> - A ação anulatória não é o instrumento apropriado para desconstituir sentença que extinguiu processo por efeito de desistência resultante de acordo. Cabível, na hipótese, é a ação rescisória.

> - Recurso improvido." (REsp. nº 267.421-SP, relator min. Humberto Gomes de Barros, 1ª Turma, v.u., DJ-I de 18.2.2002, p. 248)

Outrossim, aquela proferida em feito de jurisdição voluntária pressuporá, para a sua desconstituição, o ajuizamento de ação anulatória.

Exemplo: numa separação consensual, naquilo em que houver disponibilidade do direito, a sentença que a homologar será *anulável*; numa separação litigiosa, todavia, em que os cônjuges fizerem acordo, no curso do feito, a respectiva homologação será *rescindível* porque a sentença lhe pôs fim, examinando-lhe o mérito. Veja-se o seguinte acórdão da 3ª Turma do eg. STJ, resultante do julgamento do REsp. nº 2.810/RJ, relator em. Ministro Cláudio Santos, com a seguinte:

> "Ementa: Processual civil. Ação rescisória. Inadmissibilidade. Sentença homologatória de separação consensual.
>
> Não cabe ação rescisória de sentença homologatória de separação consensual, face à inexistência de lide.
>
> A declaração de nulidade de aditivo à inicial, não assinado pelo casal, mas, apenas, pelo advogado, deve ser perseguida em ação ordinária (art. 486 do CPC).
>
> Recurso não conhecido." (RSTJ 17/422)

Há casos, no entanto, em que a sentença meramente homologatória não traz em seu conteúdo qualquer apreciação meritória, como, por exemplo, a do parágrafo único do art. 158 do CPC, que diz:

> "A desistência da ação só produzirá efeito depois de homologada por sentença."

Logo, a mesma não é, normalmente, suscetível de rescisão e nem de anulação, tanto que a parte poderá, conforme o art. 268/CPC, repetir a demanda, com as restrições legais.

3. COMPETÊNCIA E PRAZO PARA A ANULATÓRIA

Tal ação, em regra, será processada e julgada no juízo de primeiro grau, sendo irrelevante que o ato anulando tenha sido prolatado por tribunal. Da respectiva decisão serão cabíveis os recursos pertinentes.

A propósito, em voto proferido no CC nº 25.435-RJ (DJ de 28.06.99), pelo em. Ministro Nilson Naves, está transcrita ementa de voto do em. Ministro Ilmar Galvão, quando integrava o então e eg. TFR, a saber:

> "' A competência para a ação rescisória de atos judiciais que não dependem de sentença ou em que esta é meramente homologatória (art. 486 do

> C. Pr. Civ.) é dos juízes singulares, de primeiro grau, originariamente, não sendo atribuída a nenhum outro órgão judiciário' (RF-278/223)."

Por outro lado, o prazo para o seu ajuizamento é regulado pelo art. 178, § 9º, inc. V, do CC, ou seja, quatro anos, observando-se os termos iniciais previstos nas respectivas alíneas de tal inciso, para os casos de anulabilidade (REsp. nº 150.115-DF, Min. Carlos Alberto Direito, 3ª T., un. em 03.12.98).

4. RESCISÓRIA DE RESCISÓRIA

Está sedimentado, tanto na doutrina quanto na jurisprudência, o cabimento, em tese, de ação rescisória de acórdão proferido em outra rescisória. A mesma deve preencher os requisitos legais genéricos e específicos de qualquer pleito rescisório, constituindo, ainda, requisito que lhe é próprio centrar a discussão apenas na relação jurídico-processual instaurada na primeira rescisória, e não na ação originária, de cujo julgado, antes, se pedira a rescisão (RSTJ 8/22 e 111/ 222) (STF, Emb. Decl. AR n° 1.279, DJ de 13.09.2002).

Ao julgar a AR n° 192/SP a 2ª Seção, do eg. STJ, por unanimidade, aderiu ao voto do relator, em. Ministro Cláudio Santos, a saber:

> "Ementa: Ação rescisória. Reiteração. Não é possível a reiteração de ação rescisória tendo por fundamento a mesma questão decidida na anterior.
>
> A rescisória de julgado proferido em outra rescisória só é possível quando as hipóteses previstas na lei processual pertinem à relação jurídica processual instaurada na primeira rescisória, e não na ação originária, de cujo julgado, antes, se pedira a rescisão.
>
> Caso de extinção (art. 267, VI, do CPC)." (RSTJ 8/22)

5. EXECUÇÃO DA DECISÃO RESCINDENDA

Art. 489 do CPC:

> "A ação rescisória não suspende a execução da sentença rescindenda."

Como vimos, um dos pressupostos da referida ação é o trânsito em julgado da decisão rescindenda. Daí prescrever tal dispositivo, coerentemente, que o seu ajuizamento não suspende a eficácia da decisão, a qual persistirá, como regra, plenamente exequível.

Justifica-se tal norma legal, na medida em que se encontra harmônica, portanto, com a garantia fundamental inscrita no art. 5º, XXXVI, da CF. Esta é a regra que visa, inclusive, a gerar estabilidade e segurança jurídicas.

Acontece, no entanto, que a mesma CF, como exceção ao absolutismo da *res iudicata*, no interregno do prazo bienal previsto no art. 495, do CPC, prevê e autoriza o ajuizamento de rescisória – *v.g.* arts. 102, I, *j*; 105, I, *e*; 108, I, *b* –, com a finalidade de desconstituí-la.

Eventualmente, para assegurar a efetividade e o resultado útil da decisão rescisória, poderá ser necessário o ajuizamento, prévio ou incidental, de ação cautelar com tal finalidade ou mesmo o requerimento de tutela antecipada. Em tal circunstância, admite-se excepcionar a regra do art. 489, para lhe dar uma interpretação conforme a CF, tendo em vista que a medida cautelar, quando necessária, tem sua fonte primária no preceito contido no art. 5º, XXXV, da mesma Carta Magna.

É oportuno lembrar que o então e eg. TFR houve por bem editar a Súmula nº 234, em 01.12.86, a saber:

> "Não cabe medida cautelar em ação rescisória para obstar os efeitos da coisa julgada."

À época, sob vigência da anterior CF, subsistia dúvida sobre se o poder cautelar do juiz tinha ou não respaldo constitucional, tendo em vista que o seu art. 153, § 4º, não mencionava, como faz o art. 5º, XXXV, da atual Carta, o vocábulo "ameaça" a direito.

Assim, a exegese que então mais se compatibilizava com o texto constitucional era aquela no sentido de dar absoluta prevalência à coisa julgada, inadmitindo-se, mesmo que ajuizada a rescisória, a sua provisória suspensão por cautelar, durante a tramitação da mesma.

A superveniência, todavia, da inovação constitucional afastou a referida dúvida, gerando convicção no sentido da subsistência do poder geral de cautela do juiz, desde que presentes os seus requisitos, mesmo quando o alvo da ação for a coisa julgada.

Em tal norte, o eg. STF já decidiu, conforme DJU de 10.10.2000, p. 68:

> "Ementa: Não possui a garantia constitucional da coisa julgada valor absoluto capaz de opor-se à legitimidade do instituto da ação rescisória ou medida destinada a garantir-lhe a eficácia." (AGRAG nº 216.676-RS, rel. em. Ministro Octávio Gallotti)

E mais, no que é pertinente:

> "O princípio da coisa julgada não tem valor absoluto em face do instituto da ação rescisória." (Ag. Reg. Ag. nº 227.991/RS, relator em. Ministro Maurício Corrêa)

Perfilha a mesma orientação a jurisprudência do eg. STJ, conforme se verifica, dentre outros, dos seguintes precedentes:

> "Processo civil. Atribuição de efeito suspensivo à ação rescisória.
>
> 1. Antecipação da tutela. A partir da Lei n° 8.952, de 1994, a atribuição de efeito suspensivo a ação rescisória deve ser requerida, nos respectivos autos, como antecipação da tutela, e não mais por meio de ação cautelar.
>
> 2. Cabimento. A regra do art. 489 do CPC cede sempre que, sem a atribuição de efeito suspensivo à ação rescisória, se possa prever que o acórdão, mesmo se o pedido for julgado procedente, não terá utilidade. Recurso Especial não conhecido." (REsp. n° 81529-PI, relator em. Ministro Ari Pargendler, 2ª T., un., julg. em 16.10.97, DJU de 10.11.97).
>
> "...Cabível a antecipação de tutela para conferir efeito suspensivo à ação rescisória, contudo, excepcionalmente, pode o magistrado deferir a suspensão requerida, dentro do seu poder geral de cautela, sempre que verifique a possibilidade de frustração do provimento judicial futuro da rescisória." (AGRAR n° 911-MG, relatora em. Ministra Nancy Andrighi, 1ª Seção, un. julg. em 29.02.2000, DJU de 27.03.2000).

Além da jurisprudência, cumpre observar que o art. 489 do CPC já foi derrogado pelo art. 71, parágrafo único, da Lei n° 8.212/91, na redação da Lei n° 9.032/95, que dispõe, no âmbito do INSS:

> "Será cabível a concessão de liminar nas ações rescisórias e revisional, para suspender a execução do julgado rescindendo ou revisando, em caso de fraude ou erro material comprovado."

Deflui, do exposto, que o princípio consiste na prevalência da coisa julgada, no curso da rescisória; excepcionalmente, por cautelar ou tutela antecipada, desde que a hipótese concreta justifique, a mesma poderá ser suspensa.

Capítulo VII

ALGUNS CASOS PECULIARES

1. REGRA GERAL

O art. 471, do CPC, e seus incisos prescrevem:

> "Nenhum juiz decidirá novamente as questões já decididas, relativas à mesma lide, salvo:
>
> I – se, tratando-se de relação jurídica continuativa, sobreveio modificação no estado de fato ou de direito; caso em que poderá a parte pedir a revisão do que foi estatuído na sentença;
>
> II – nos demais casos prescritos em lei."

A primeira parte do *caput* contém a regra geral, consistente em obstar, por força da coisa julgada, o reexame das questões já decididas, o que se harmoniza com os arts. 301 e parágrafos, 267, VI, do CPC.

Configurada tal situação, o reexame da causa, em tese, só será viável em sede de rescisória.

A parte final, no entanto, excepciona a regra, abrindo a perspectiva de nova decisão judicial, desde que, em relação de trato sucessivo, sobrevenha alteração do estado de fato ou de direito, a justificar a revisão do que dispôs a sentença.

Em outros termos, a lide originária baseou-se em uma situação jurídica e fática, existente à época em que prolatada a decisão. Ora, tendo ocorrido modificação de direito e/ou de fato, evidentemente estar-se-á diante de nova lide, o que autoriza outro julgamento, de natureza revisional.

Pressupõe-se conter a decisão, implicitamente, em tais hipóteses, a cláusula *rebus sic stantibus*.

Tal é comum, por exemplo, na ação de revisão de alimentos, quando ocorre modificação fática do binômio necessidade-possibilidade, entre alimentando (credor) e alimentante (devedor) – art. 15 da Lei n° 5.478/68.

Quanto à modificação da situação de direito, poder-se-ia exemplificar com aquelas hipóteses em que se reconhece a servidores, judicialmente, o direito à percepção de gratificações não incorporáveis, com base em leis. Se essas forem revogadas, a situação jurígena altera-se, permitindo à parte interessada, em tese, o ajuizamento de ação revisional para não mais pagá-las. Na prática, porém, o mais comum é o ajuizamento de rescisórias com tal objetivo, o que parece não ser o mais adequado.

Outro exemplo resulta da Lei n° 8.245/91, cujo art. 68 prevê a ação revisional do valor do aluguel.

Na mesma linha, *mutatis mutandis*, pode-se invocar, ainda, a jurisprudência do eg. STF, consolidada na Súmula n° 239, que diz:

> "Decisão que declara indevida a cobrança do imposto em determinado exercício não faz coisa julgada em relação aos posteriores."

Anota o prof. Roberto Rosas, na 6ª ed., RT, do seu *Direito sumular*, ps. 100-1:

> "Em outro julgado, afirmou o min. Rafael Mayer: 'a declaração de intributabilidade no pertinente a relações jurídicas originadas de fatos geradores que se sucedem no tempo não pode ter caráter de imutabilidade e de normatividade a abranger eventos futuros' (RTJ 106-1.189)."

Como se verifica, subjaz, aí, a idéia de fatos geradores sucessivos, o que afasta a extensão temporal da coisa julgada, não havendo que se cogitar, obviamente, de eventual ajuizamento de ação revisional ou rescisória, pelo sujeito ativo da obrigação tributária, por falta de interesse jurídico.

Em conclusão, tendo ocorrido alteração de ordem fática e/ou jurídica, na lide anteriormente apreciada por decisão transitada em julgado, a via correta para o seu questionamento será a ação revisional, pois a rescisória, a *contrario sensu*, ficará reservada para aquelas causas em que inocorreram as ditas alterações.

2. *QUERELA NULLITATIS*

Há que se mencionar a presença de tal figura processual, não obstante não mencionada, expressamente, no ordenamento jurídico pátrio, captando-se a sua presença no art. 741, I, do CPC. O vício consistente na falta ou nulidade da citação, em ação que correu à revelia do réu, não se convalida pelo efeito sanatório da coisa julgada, porquanto vulneram, frontalmente, os princípios constitucionais maiores do contraditório e do devido processo legal.

Nesta linha, descabe cogitar-se do ajuizamento de ação rescisória, conforme, inclusive, o acórdão do eg. STF, RE n° 97.589/SC, Pleno, unânime, relator em. Ministro Moreira Alves (RTJ 107/778 e segs.), ementado.

O Superior Tribunal de Justiça assinala, outrossim, que a "ausência de citação é caso de nulidade absoluta do processo, a qual pode ser argüida a qualquer momento e decretada até mesmo de ofício, não gerando, portanto, preclusão, sendo desnecessária a verificação de prejuízo" (STJ, REsp. n° 649.949, DJ de 14.03.2005), sendo "desnecessária a propositura de ação rescisória" (STJ, RMS n° 14.659, DJ de 14.03.2005).

> "Ação declaratória de nulidade de sentença por ser nula a citação do réu revel na ação em que ela foi proferida.
>
> 1. Para a hipótese prevista no art. 741, I, do atual CPC – que é a da falta ou nulidade de citação, havendo revelia persiste, no Direito Positivo brasileiro – a *querela nullitatis*, o que implica dizer que a nulidade da sentença, nesse caso, pode ser declarada em ação declaratória de nulidade, independentemente do prazo para a propositura da ação rescisória, que, em rigor, não é cabível para essa hipótese.
>
> 2. Recurso extraordinário conhecido, negando-se-lhe, porém, provimento."

RELATIVIZAÇÃO DA COISA JULGADA

A ação rescisória constitui o instrumento processual adequado, tendente a desconstituir a coisa julgada, assim, normalmente, ordinariamente, pode se afirmar que no biênio subsequente ao trânsito da decisão de mérito, a sua existência sofre normal relatividade, tendo em vista a perspectiva, em tese, de sua desconstituição, se se fizerem presentes uma ou mais, das hipóteses que a tanto justifique – art. 485 e segs., CPC 73, e art. 966 e segs., NCPC –.

Poder-se-á dizer, tomando-se a expressão emprestada do direito administrativo funcional, que tal lapso constitui como que um "estágio probatório", a que se submete a *res judicata*, a qual, no biênio, subsiste com certo grau de relatividade, já que poderá vir a ser alvo de uma pretensão rescisória, nas hipóteses legal e taxativamente previstas. Após o decurso do referido prazo, sobrevirá a denominada coisa soberanamente, ou definitivamente, julgada. Tal se dá nas circunstâncias normais de aplicação do Direito, concretamente. A sua relativização, contudo, tese bem mais recente, configura mecanismo diferente, pois de aplicação mais do que excepcional, excepcionalíssima, podendo ocorrer mesmo após o decurso do referido biênio, em hipóteses teratológicas, passíveis de ação anulatória ou de exceção de pré-executividade. Cuida-se, primordialmente, da chamada "coisa julgada inconstitucional", conforme previsão contida no art. 741, Parágrafo Único, do CPC/73, a saber:

> **Art. 741. Na execução contra a Fazenda Pública, os embargos só poderão versar sobre:**
>
> **II – inexigibilidade do título;**
>
> **Parágrafo único. Para efeito do disposto no inciso II do *caput* deste artigo, considera-se também inexigível o título judicial fundado em lei ou ato normativo declarados inconstitucionais pelo Supremo Tribunal Federal, ou fundado em aplicação ou interpretação da lei ou ato normativo tidas pelo Supremo Tribunal Federal como incompatíveis com a Constituição Federal.**

O STJ, após reiterados precedentes, houve por bem em editar a Súmula 487, do seguinte teor:

> **"O parágrafo único do art. 741 do CPC não se aplica às sentenças transitadas em julgado em data anterior à da sua vigência. " (Súmula 487, CORTE ESPECIAL, julgado em 28/06/2012, DJe 01/08/2012).**

Como a Lei nº 11.232/2005 entrou em vigor seis meses após a sua publicação no DOU de 23/12/2005, vale dizer, em meados de junho/2006, nas decisões transitadas em julgado antes dessa data não se aplica o referido Parágrafo Único. Aliás, recentemente, em 28/05/2015, o STF, relator em. Ministro TEORI ZAVASCKI, julgando o RE 730.462/SP, decidiu:

> **"O Tribunal, por unanimidade e nos termos do voto do Relator, apreciando o tema 733 da Repercussão Geral, negou provimento ao recurso extraordinário. Fixada a tese com o seguinte teor: A decisão do Supremo Tribunal Federal declarando a constitucionalidade ou a inconstitucionalidade de preceito normativo não produz automática reforma ou rescisão das decisões anteriores que tenham adotado entendimento diferente. Para que tal ocorra, será indispensável a interposição de recurso próprio ou, se for o caso, a propositura de ação rescisória própria, nos termos do art. 485 do CPC, observado o respectivo prazo decadencial (art. 495)".**

O acórdão do mencionado RE foi publicado no DJ*e* em 09/09/2015, contendo a seguinte ementa:

> **"CONSTITUCIONAL E PROCESSUAL CIVIL. DECLARAÇÃO DE INCONSTITUCIONALIDADE DE PRECEITO NORMATIVO PELO SUPREMO TRIBUNAL FEDERAL. EFICÁCIA NORMATIVA E EFICÁCIA EXECUTIVA DA DECISÃO: DISTINÇÕES. INEXISTÊNCIA DE EFEITOS AUTOMÁTICOS SOBRE AS SENTENÇAS JUDICIAIS ANTERIORMENTE PROFERIDAS EM SENTIDO CONTRÁRIO. INDISPENSABILIDADE DE INTERPOSIÇÃO DE RECURSO OU PROPOSITURA DE AÇÃO RESCISÓRIA PARA**

> SUA REFORMA OU DESFAZIMENTO. 1. A sentença do Supremo Tribunal Federal que afirma a constitucionalidade ou a inconstitucionalidade de preceito normativo gera, no plano do ordenamento jurídico, a consequência (= eficácia normativa) de manter ou excluir a referida norma do sistema de direito. 2. Dessa sentença decorre também o efeito vinculante, consistente em atribuir ao julgado uma qualificada força impositiva e obrigatória em relação a supervenientes atos administrativos ou judiciais (= eficácia executiva ou instrumental), que, para viabilizar-se, tem como instrumento próprio, embora não único, o da reclamação prevista no art. 102, I, "l", da Carta Constitucional. 3. A eficácia executiva, por decorrer da sentença (e não da vigência da norma examinada), tem como termo inicial a data da publicação do acórdão do Supremo no Diário Oficial (art. 28 da Lei 9.868/1999). É, consequentemente, eficácia que atinge atos administrativos e decisões judiciais supervenientes a essa publicação, não os pretéritos, ainda que formados com suporte em norma posteriormente declarada inconstitucional. 4. Afirma-se, portanto, como tese de repercussão geral que a decisão do Supremo Tribunal Federal declarando a constitucionalidade ou a inconstitucionalidade de preceito normativo não produz a automática reforma ou rescisão das sentenças anteriores que tenham adotado entendimento diferente; para que tal ocorra, será indispensável a interposição do recurso próprio ou, se for o caso, a propositura da ação rescisória própria, nos termos do art. 485, V, do CPC, observado o respectivo prazo decadencial (CPC, art. 495). Ressalva-se desse entendimento, quanto à indispensabilidade da ação rescisória, a questão relacionada à execução de efeitos futuros da sentença proferida em caso concreto sobre relações jurídicas de trato continuado. 5. No caso, mais de dois anos se passaram entre o trânsito em julgado da sentença no caso concreto reconhecendo, incidentalmente, a constitucionalidade do artigo 9º da Medida Provisória 2.164-41 (que acrescentou o artigo 29-C na Lei 8.036/90) e a superveniente decisão do STF que, em controle concentrado, declarou a inconstitucionalidade daquele preceito normativo, a significar, portanto, que aquela sentença é insuscetível de rescisão. 6. Recurso extraordinário a que se nega provimento." (RE 730462, Relator(a): Min. TEORI ZAVASCKI, Tribunal Pleno, julgado em 28/05/2015, ACÓRDÃO ELETRÔNICO REPERCUSSÃO GERAL – MÉRITO. DJe-177 – DIVULG 08-09-2015 – PUBLIC 09-09-2015)

Da mesma forma, consiste em inovações as regras inscritas nos arts. 525, § 1º, III, § § 12, 13, 14 e 15, bem como art. 535, III, §§ 5º, 7º e 8º, que dispõem:

> Art. 525. Transcorrido o prazo previsto no art. 523 sem o pagamento voluntário, inicia-se o prazo de 15 (quinze) dias para que o executado,

independentemente de penhora ou nova intimação, apresente, nos próprios autos, sua impugnação.

§ 1º Na impugnação, o executado poderá alegar:

III – inexequibilidade do título ou inexigibilidade da obrigação;

§ 12. Para efeito do disposto no inciso III do § 1º deste artigo, considera-se também inexigível a obrigação reconhecida em título executivo judicial fundado em lei ou ato normativo considerado inconstitucional pelo Supremo Tribunal Federal, ou fundado em aplicação ou interpretação da lei ou do ato normativo tido pelo Supremo Tribunal Federal como incompatível com a Constituição Federal, em controle de constitucionalidade concentrado ou difuso.

§ 13. No caso do § 12, os efeitos da decisão do Supremo Tribunal Federal poderão ser modulados no tempo, em atenção à segurança jurídica.

§ 14. A decisão do Supremo Tribunal Federal referida no § 12 deve ser anterior ao trânsito em julgado da decisão exequenda.

§ 15. Se a decisão referida no § 12 for proferida após o trânsito em julgado da decisão exequenda, caberá ação rescisória, cujo prazo será contado do trânsito em julgado da decisão proferida pelo Supremo Tribunal Federal.

Art. 535. A Fazenda Pública será intimada na pessoa de seu representante judicial, por carga, remessa ou meio eletrônico, para, querendo, no prazo de 30 (trinta) dias e nos próprios autos, impugnar a execução, podendo arguir:

III – inexequibilidade do título ou inexigibilidade da obrigação;

§ 5º Para efeito do disposto no inciso III do caput deste artigo, considera-se também inexigível a obrigação reconhecida em título executivo judicial fundado em lei ou ato normativo considerado inconstitucional pelo Supremo Tribunal Federal, ou fundado em aplicação ou interpretação da lei ou do ato normativo tido pelo Supremo Tribunal Federal como incompatível com a Constituição Federal, em controle de constitucionalidade concentrado ou

§ 7º A decisão do Supremo Tribunal Federal referida no § 5º deve ter sido proferida antes do trânsito em julgado da decisão exequenda.

§ 8º Se a decisão referida no § 5º for proferida após o trânsito em julgado da decisão exequenda, caberá ação rescisória, cujo prazo será contado do trânsito em julgado da decisão proferida pelo Supremo Tribunal Federal.

Tais normas referem-se, conforme Capítulos III e V, do Livro I, ao "Cumprimento Definitivo da Sentença que Reconhece a Exigibilidade de Obrigação de Pagar Quantia Certa", e "Do Cumprimento de Sentença que Reconhece a Exigibilidade de Obrigação de Pagar Quantia Certa pela Fazenda Pública". São, pois, especiais, específicas, cujos sujeitos ativos de eventual Ação Rescisória, na hipótese, podem ser particulares (pessoa natural ou jurídica) ou entes públicos, componentes de quaisquer das unidades que integram a Federação, conforme a natureza da obrigação a ser cumprida. Tal ocorrerá se se fizerem presentes, concretamente, os pressupostos inscritos nos dispositivos transcritos. A contar do trânsito em julgado da decisão do STF, inicia-se o biênio para eventual ação rescisória.

É oportuno registrar que o cabimento de rescisória com fundamento no § 15, do art. 525, ou no § 8º, do art. 535, são novidades e não foram inseridos no elenco previsto no art. 966, tendo a virtude de reforçar, valorizar a coisa julgada, pois a despeito da constitucionalidade ou inconstitucionalidade declarada pelo STF, que fora inobservada pela decisão exequenda, esta prevalecerá definitivamente caso não seja, em tal biênio, alvo de rescisória, com êxito. É, sem dúvida, avanço na proteção da segurança jurídica, além da paz social.

É oportuno observar, também, que o art. 1057, disposição de natureza transitória, estabeleceu:

> Art. 1.057. O disposto no art. 525, §§ 14 e 15, e no art. 535, §§ 7º e 8º, aplica-se às decisões transitadas em julgado após a entrada em vigor deste Código, e, às decisões transitadas em julgado anteriormente, aplica-se o disposto no art. 475-L, § 1º, e no art. 741, parágrafo único, da Lei no 5.869, de 11 de janeiro de 1973.

Gize-se que os § 13, do art. 525, e § 6º, do art. 535, estabelecem que:

> *Os efeitos da decisão do Supremo Tribunal Federal poderão ser modulados no tempo, de modo a favorecer a segurança jurídica.*

Disposição sábia, medular, respeitosa aos princípios da boa-fé objetiva, da confiança legítima, além da própria segurança jurídica, como afirma, pois o jurisdicionado que se conduzia, em sua vida pessoal ou empresarial, em consonância com decisão do Judiciário, que lhe fora favorável, evidente que a superveniência de julgamento diverso, da mesma norma, pelo e. STF, não deve lhe trazer verdadeiro transtorno e instabilidade, que poderia desorganizar no plano material, o seu planejamento, a regularidade de suas atividades negociais, tendo, eventualmente, de arcar com ônus financeiros com os quais não contava,

pois sua conduta fora consentânea com anterior e favorável decisão do referido Poder, acobertada pela coisa julgada.

Salutar, portanto, plenamente sintonizado com os fins sociais da lei, a disposição em apreço.

O CPC/73 define, a partir do seu art. 467, a coisa julgada; enquanto que o NCPC, o faz a partir do art. 502. Para o aperfeiçoamento da coisa julgada material, é necessário que se façam presentes os pressupostos básicos, essenciais, do processo, vinculando-se as partes, relativamente ao mérito da respectiva questão levada e decidida em juízo.

Há casos, no entanto, que embora aparentando, não existe decisão de mérito, propriamente, hígida, a desafiar o ajuizamento de rescisória, valendo transcrever a seguinte decisão no REsp 1.496.208-RS, Relator em. Ministro HUMBERTO MARTINS, que apresenta judicioso panorama da matéria, a saber:

> **RECURSO ESPECIAL Nº 1.496.208 – RS (2014/0295053-4)**
>
> **EMENTA**
>
> **PROCESSUAL CIVIL. NULIDADE DE SENTENÇA. AUSÊNCIA DE CONDENAÇÃO EM HONORÁRIOS. LEI POSTERIORMENTE DECLARADA INCONSTITUCIONAL PELO SUPREMO. INSTITUTO DA *QUERELA NULLITATIS INSANABILIS*. POSSIBILIDADE. RECURSO ESPECIAL PROVIDO.**
>
> **DECISÃO**
>
> **Vistos.**
>
> **Cuida-se de recurso especial interposto por CARLOS ALBERTO SILVESTRE, com fundamento no art. 105, inciso III, "a" e "c", da Constituição Federal, contra acórdão proferido pelo Tribunal Regional Federal da 4ª Região assim ementado (fl. 128, e-STJ):**
>
> ***"ADMINISTRATIVO. PROCESSUAL CIVIL. NULIDADE DE DECISÃO. VIA INADEQUADA. COISA JULGADA. AÇÃO RESCISÓRIA. O advento de novo entendimento jurisprudencial não alcança as decisões judiciais cujo trânsito em julgado tenha ocorrido, sob pena de ofensa à coisa julgada. Constatada a inadequação da via eleita, do que decorre a ausência de pressuposto de validade da relação processual, a medida correta é a extinção do processo sem resolução de mérito, o que não impede que a parte autora submeta novamente sua pretensão à apreciação do Poder Judiciário, por meio da via processual adequada."***
>
> Opostos embargos de declaração foram acolhidos apenas para fins de prequestionamento (fls. 170/177, e-STJ).

Na origem, trata-se de *Querela Nullitatis Insanabilis* em que os autores objetivam o reconhecimento da inexistência da sentença proferida no Processo n. 2002.71.00.012036-5, por meio da qual, com base em norma posteriormente declarada inconstitucional, negou-se a percepção da verba honorária sucumbencial. Alegaram que a Medida Provisória n. 2.164/2001, a qual introduziu o art. 29-C na Lei n. 8.036/1990, foi declarada inconstitucional pelo STF, com efeitos *ex tunc*, por meio da Ação Direta de Inconstitucionalidade nº. 2.736. Em razão disso, aduziram que a decisão exarada no feito originário seria parcialmente nula e inexistente no que tange à ausência de condenação ao pagamento de honorários pela sucumbente.

A sentença indeferiu a inicial e julgou extinto o processo no qual o autor busca a declaração de nulidade de decisão judicial, sem resolução de mérito, forte no art. 267, VI, e 295, III, ambos do CPC. Sobreveio apelação, que restou improvida, sob o entendimento de que o único instrumento jurídico que se revela apropriado à anulação de decisão que aplicou lei posteriormente declarada inconstitucional é a ação rescisória.

No recurso especial, o recorrente alega, preliminarmente, ofensa ao art. 535, II, do CPC, porquanto, apesar da oposição dos embargos de declaração, o Tribunal de origem não se pronunciou sobre pontos necessários ao deslinde da controvérsia.

No mérito, alegam os recorrentes que o acórdão recorrido violou o art. 741 do CPC, eis que veda a formação de coisa julgada em título judicial fundado em lei declarada inconstitucional pelo STF.

Apontam, por fim, divergência jurisprudencial, sob a alegação de que *"o entendimento firmado pela Corte Regional diverge frontalmente da jurisprudência firmada pelo STJ quando do julgamento do REsp 1015133/MT (Rel. Ministra ELIANA CALMON, Rel. p/ Acórdão Ministro CASTRO MEIRA, SEGUNDA TURMA, julgado em 02/03/2010, DJe 23/04/2010). Trata-se de precedente no qual a Cor- te Superior estabeleceu a possibilidade de controle das nulidades processuais, mesmo após o trânsito em julgado da sentença. Trata-se de hipótese de controle ex-cepcional, a ser exercido mediante impugnações autônomas, a saber: a ação rescisória e a querela nullitatis".*

Sem contrarrazões, sobreveio o juízo de admissibilidade positivo da instância de origem (fl. 269, e-STJ).

É, no essencial, o relatório.

DA NÃO VIOLAÇÃO DO ART. 535/CPC

***Ab initio*, inexistente a alegada violação do art. 535, II, do CPC, pois a prestação jurisdicional foi dada na medida da pretensão deduzida.**

Vê-se, na verdade, que no presente caso a questão não foi decidida conforme objetivava o recorrente, uma vez que foi aplicado entendimento diverso.

É sabido que o juiz não fica obrigado a manifestar-se sobre todas as alegações das partes, nem a ater-se aos fundamentos indicados por elas ou a responder, um a um, a todos os seus argumentos, quando já encontrou motivo suficiente para fundamentar a decisão, o que de fato ocorreu.

Ressalte-se, ainda, que cabe ao magistrado decidir a questão de acordo com o seu livre convencimento, utilizando-se dos fatos, provas, jurisprudência, aspectos pertinentes ao tema e da legislação que entender aplicável ao caso concreto.

Nessa linha de raciocínio, o disposto no art. 131 do Código de Processo Civil:

> "*Art. 131. O juiz apreciará livremente a prova, atendendo aos fatos e circunstâncias constantes dos autos, ainda que não alegados pelas partes; mas deverá indicar, na sentença, os motivos que lhe formaram o convencimento.*"

Em suma, nos termos de jurisprudência pacífica do STJ, "o magistrado não é obrigado a responder todas as alegações das partes se já tiver encontrado motivo suficiente para fundamentar a decisão, nem é obrigado a ater-se aos fundamentos por elas indicados " (REsp 684.311/RS, Rel. Min. Castro Meira, DJ 18.4.2006), como ocorreu no caso ora em apreço.

DA *QUERELA NULLITATIS*

Cinge-se a controvérsia ao cabimento de ajuizamento de *querela nullitatis* com vistas a anulação de sentença proferida com base em lei posteriormente declarada inconstitucional.

No caso dos autos, a sentença prolatada no processo n. 2002.71.00.012036-5, que negou a percepção de verba sucumbencial com base no art. 29-C, da Lei 8.036/90, introduzido pela MP 2.164/01 (não incidência de honorários advocatícios nas demandas que versam sobre FGTS).

Com efeito, o Supremo Tribunal Federal, no julgamento da ADI 2.736/DF, DJ 17/9/10, declarou, com efeito *ex tunc*, a inconstitucionalidade do artigo 9º da Medida Provisória 2.164-40/2001, que introduziu o art. 29-C à Lei 8.036/90. Dessa forma, é cabível a condenação honorária nos processos que envolvem o FGTS.

A ação de *querela nullitatis* é '*remédio vocacionado ao combate de sentença contaminada pelos vícios mais graves dos erros de atividade (errores in procedendo), nominados de vícios transrescisórios, que tornam a sentença inexistente, não se sanando com o transcurso do tempo"* (REsp 1.201.666, Rel. Min. Luis Felipe Salomão, DJ 4.8.2014).

No entanto, a doutrina e a jurisprudência modernas vêm ampliando as hipóteses de cabimento do instituto da *querela nullitatis* para os seguintes casos: a) quando é proferida sentença de mérito, a despeito de faltar condições da ação; b) quando a sentença de mérito é proferida em desconformidade com a coisa julgada anterior; e c) quando a decisão é embasada em lei posteriormente declarada inconstitucional pelo Supremo Tribunal Federal.

O STJ já adotou o posicionamento acima delineado:

> *"PROCESSUAL CIVIL. RECURSO ESPECIAL. AUSÊNCIA DE VIOLAÇÃO AO ART. 535 DO CPC. QUERELA NULLITATIS INSANABILIS. DESCABIMENTO. IMPOSSIBILIDADE JURÍDICA DO PEDIDO. RECURSO IMPROVIDO. 1. Não configura ofensa ao art. 535 do Código de Processo Civil, o fato de o C. Tribunal de origem, embora sem examinar individualmente cada um dos argumentos suscitados pela parte recorrente, adotar fundamentação contrária à pretensão da parte, suficiente para decidir integralmente a controvérsia. 2. O cabimento da querela nullitatis insanabilis é indiscutivelmente reconhecido em caso de defeito ou ausência de citação, se o processo correu à revelia (v.g., CPC, arts. 475-L, I, e 741, I). Todavia, a moderna doutrina e jurisprudência, considerando a possibilidade de relativização da coisa julgada quando o decisum transitado em julgado estiver eivado de vício insanável, capaz de torná-lo juridicamente inexistente, tem ampliado o rol de cabimento da querela nullitatis insanabilis. Assim, em hipóteses excepcionais vem sendo reconhecida a viabilidade de ajuizamento dessa ação, para além da tradicional ausência ou defeito de cita*ção, por exemplo: (i) quando é proferida sentença de mérito a despeito de faltar condições da ação; *(ii) a sentença de mérito é proferida em desconformidade com a coisa julgada anterior; (iii) a decisão está embasada em lei posteriormente declarada inconstitucional pelo eg. Supremo Tribunal Federal. (grifou-se). 3. No caso em exame, a actio nullitatis vem ajuizada sob o fundamento de existência de vício insanável no acórdão proferido pelo c. Tribunal de Justiça, em apelação em execução de alimentos, consubstanciado na falta de correlação lógica entre os fundamentos daquele decisum e sua parte dispositiva, o que equivaleria à ausência de obrigatória motivação do julgado (CPC, art. 458 e CF/88, art. 93, IX). 4. Entretanto, não é cabível, em virtude do instituto da preclusão, o ajuizamento de querela nullitatis insanabilis, com base em falta ou deficiência na fundamentação da decisão judicial. Não há falar, pois,*

em hipótese excepcional a viabilizar a relativização da coisa julgada, sobretudo porque aqui não se vislumbra nenhum vício insanável capaz de autorizar o ajuizamento de querela nullitatis insanabilis, pois bastaria à parte ter manejado oportunamente o recurso processual cabível, para ter analisada sua pretensão. 5. Recurso especial a que se nega provimento." (REsp 1.252.902/SP, Rel. Ministro RAUL ARAÚJO, QUARTA TURMA, julgado em 4/10/2011, DJe 24/10/2011.)

Ante o exposto, com fundamento no art. 557, § 1º-A, do CPC, dou provimento ao recurso especial, para que os autos retornem à instância ordinária e prossiga no julgamento da *querela nullitatis*.

Publique-se. Intimem-se.

Brasília (DF), 13 de abril de 2015.".

RE e REsp: Julgamentos sob repercussão geral e repetitivo. Observações.

Jurisprudência por si só não constitui fundamento para o ajuizamento de ação rescisória. É o normal. Com a superveniente exigência constitucional (art.102, III, § 3º), no RE, da demonstração pelo recorrente da "repercussão geral das questões discutidas no caso, nos termos da lei, a fim de que o Tribunal examine a admissão do recurso, somente podendo recusá-lo pela manifestação de dois terços de seus membros", o que veio a ser disciplinado no CPC/73, art. 543-A e segs., RISTF, 326/328, bem como da normatização do REsp. pelo art. 543-C: "Quando houver multiplicidade de recursos com fundamento em idêntica questão de direito, o recurso especial será processado nos termos deste artigo", a matéria merece ser mais refletida.

Com efeito, a nossa observação é no sentido de que, considerando que os julgamentos sob tais enfoques tem por escopo fixar teses abrangentes, para processos ou casos múltiplos, sobre matérias apreciadas em repercussão ou repetitividade, por tais Cortes, embora a regra seja o não cabimento de rescisória fundada apenas em jurisprudência, pensamos que, excepcionalmente, a mesma deverá ser admitida quando, após fixada a tese, sob tais ritos processuais e, a despeito disso, repita-se, posteriormente julga-se de forma adversa, infirmando a inteligência sufragada pelo STF e/ou STJ, a respeito de igual tema. Nesse contexto deve abrir-se a oportunidade para o ajuizamento de rescisória tendo em vista que, fixada a tese, na repercussão ou no repetitivo, a mesma deve prevalecer para todos os casos iguais, não só pelo princípio isonômico como, ainda, considerando a razão de ser de tais sistemáticas de julgar que visam tanto a celeridade, a efetividade, processuais, como a própria segurança jurídica, inclusive o normal grau de previsibilidade dos jurisdicionados, a respeito de decisões em casos iguais ou semelhantes. Em última análise, decisão adversa, superveniente, resulta por infringir, em seu sentido e alcance, a razão de ser de tais institutos processuais.

Observe-se que o CPC em vigor dispõe a respeito, §§ 3º e 4º, 543-B e 543-C, § 7º, tanto quanto o art. 1.029, do NCPC, que diz:

> Art. 1.029. O recurso extraordinário e o recurso especial, nos casos previstos na Constituição Federal, serão interpostos perante o presidente ou o vice-presidente do tribunal recorrido, em petições distintas que conterão:
>
> I – a exposição do fato e do direito;
>
> II – a demonstração do cabimento do recurso interposto;
>
> III – as razões do pedido de reforma ou de invalidação da decisão recorrida.
>
> § 1º Quando o recurso fundar-se em dissídio jurisprudencial, o recorrente fará a prova da divergência com a certidão, cópia ou citação do repositório de jurisprudência, oficial ou credenciado, inclusive em mídia eletrônica, em que houver sido publicado o acórdão divergente, ou ainda com a reprodução de julgado disponível na rede mundial de computadores, com indicação da respectiva fonte, devendo-se, em qualquer caso, mencionar as circunstâncias que identifiquem ou assemelhem os casos confrontados.
>
> § 2º Quando o recurso estiver fundado em dissídio jurisprudencial, é vedado ao tribunal inadmiti-lo com base em fundamento genérico de que as circunstâncias fáticas são diferentes, sem demonstrar a existência da distinção.
>
> § 3º O Supremo Tribunal Federal ou o Superior Tribunal de Justiça poderá desconsiderar vício formal de recurso tempestivo ou determinar sua correção, desde que não o repute grave.
>
> § 4º Quando, por ocasião do processamento do incidente de resolução de demandas repetitivas, o presidente do Supremo Tribunal Federal ou do Superior Tribunal de Justiça receber requerimento de suspensão de processos em que se discuta questão federal constitucional ou infraconstitucional, poderá, considerando razões de segurança jurídica ou de excepcional interesse social, estender a suspensão a todo o território nacional, até ulterior decisão do recurso extraordinário ou do recurso especial a ser interposto.
>
> § 5º O pedido de concessão de efeito suspensivo a recurso extraordinário ou a recurso especial poderá ser formulado por requerimento dirigido:

> I – ao tribunal superior respectivo, no período compreendido entre a interposição do recurso e sua distribuição, ficando o relator designado para seu exame prevento para julgá-lo;
>
> II – ao relator, se já distribuído o recurso;
>
> III – ao presidente ou vice-presidente do tribunal local, no caso de o recurso ter sido sobrestado, nos termos do art. 1.037.

Após os comentários acima, quando demos por encerrada a atualização deste trabalho, sobreveio a Lei nº 13.256, de 04/02/2016, acrescentando ao art. 966, os §§ 5º e 6º, comentados sucintamente no tópico específico, consolidando, assim, no campo legislativo os aspectos então abordados, relativamente aos ritos dos julgamentos repetitivos, inclusive, a repercussão geral. Quanto a este, a mesma lei houve por bem em acrescentar ao art. 988 os incisos III e IV, admitindo reclamação ao eg. STF, conforme tais incisos:

> Art. 988 – Caberá reclamação da parte interessada ou do Ministério Público para:
>
> III - garantir a observância de enunciado de súmula vinculante e de decisão do Supremo Tribunal Federal em controle concentrado de constitucionalidade;
>
> IV – garantir a observância de acórdão proferido em julgamento de incidente de resolução de demandas repetitivas ou de incidente de assunção de competência;

Os aspectos então ventilados, que já estavam recebendo tratamento da jurisprudência no sentido de valorizar referidos precedentes, inclusive, aceitando, ainda que timidamente, o manejo de rescisória quando violados, agora encontra respaldo na própria legislação processual, como vimos de ver.

Recursos cabíveis, em tese, na AR:

No seu processamento, das decisões monocráticas proferidas pelo relator caberá, em tese, Agravo Interno – art. 1.021 e segs., do NCPC, o que já ocorre, com suporte nos regimentos internos dos tribunais.

Do julgamento, caso procedente a ação, se o for por maioria de votos, caberá o recurso de Embargos Infringentes, conforme art. 530, do CPC/73. O NCPC não prevê tal recurso para a espécie, exceto a providência contida em seu art. 942, relativamente ao julgamento majoritário de apelação, cuja técnica é aplicável, também, ao julgamento não unânime da rescisória, *ut* § 3º, I, do mesmo dispostositivo.

Além de eventuais embargos de declaração, serão cabíveis, em tese, contra o acórdão, REsp (art. 105, III, a, b, c) e/ou RE (102, III, a, b, c, d), todos da CF, desde que se façam presentes os seus requisitos de admissibilidade.

No REsp, conforme jurisprudência mais antiga do STJ, prevalecia a seguinte interpretação: *O Recurso Especial interposto em sede de Ação Rescisória deve cingir-se ao exame de eventual afronta aos seus pressupostos (art. 485 do Código de Processo Civil) e não aos fundamentos do julgado rescindendo".* AgRg no REsp 1.204.623/SP. Igualmente: AgsRgs nos REsps 1.268.782/PR; 1.220.679/MG; nos AREsps 304.190/AL e 453.892/PE.

A jurisprudência atual, contudo, orienta-se conforme precedentes:

> PROCESSUAL CIVIL E ADMINISTRATIVO. AGRAVO REGIMENTAL NO AGRAVO EM RECURSO ESPECIAL. VIOLAÇÃO DO ART. 535 DO CPC. AUSÊNCIA. AÇÃO RESCISÓRIA. IMPUGNAÇÃO AOS FUNDAMENTOS DO ACÓRDÃO RESCINDENDO. POSSIBILIDADE. ADMINISTRATIVO. PENSÃO DE EX-COMBATENTE. LEI APLICÁVEL. LEIS N. 4.242/1963 E N. 3.765/1960. DEPENDÊNCIA ECONÔMICA. REQUISITO NÃO COMPROVADO. SÚMULA 7/STJ. 1. Não ocorre contrariedade ao art. 535, inc. II, do CPC, quando o Tribunal de origem decide fundamentadamente todas as questões postas ao seu exame, assim como não há que se confundir entre decisão contrária aos interesses da parte e inexistência de prestação jurisdicional. 2. Ademais, o magistrado não está obrigado a responder a todas as questões suscitadas em juízo, quando já tenha encontrado motivo suficiente para proferir a decisão. 3. "A jurisprudência desta Corte Superior de Justiça sedimentou o entendimento de que o recurso especial interposto nos autos de ação rescisória fundada em ofensa do art. 485, V, do CPC pode impugnar diretamente as razões do acórdão rescindendo, não devendo, obrigatoriamente, se limitar ao pressuposto desta ação (violação da literalidade de lei). Nesse sentido, os seguintes julgados da Corte Especial: EREsp 517.220/RN, Rel. Ministro Hamilton Carvalhido, Rel. p/ Acórdão Ministra Nancy Andrighi, Corte Especial, julgado em 29/8/2012, DJe 23/11/2012; EREsp 1.046.562/CE, Rel. Ministra Eliana Calmon, Rel. p/ Acórdão Ministra Nancy Andrighi, Corte Especial, julgado em 2/3/2011, DJe 19/4/2011" (AgRg no REsp 1.378.498/RS, Rel. Ministro Mauro Campbell Marques, Segunda turma, DJe 24/10/2013). 4. O veredicto que as agravantes pretenderam rescindir na origem negou provimento à apelação das autoras sob o argumento de que, não demonstrada a satisfação dos requisitos previstos no art. 30 da Lei n. 4.242/1963, fica

inviabilizada a concessão da pensão de ex-combatente estabelecida no art. 26 da Lei n. 3.765/1960. 5. Considerando a data do óbito do instituidor (10/5/1987) e o princípio *tempus regit actum*, aplicam-se à espécie as Leis n. 4.242/1963 e 3.765/1960, as quais estipulam a concessão da pensão especial de Segundo-Sargento, de forma vitalícia, aos herdeiros do ex-combatente, incluídas as filhas válidas maiores de 21 anos, desde que comprovem a condição de incapacidade e impossibilidade de sustento próprio. 6. Tais condições não foram demonstradas nas instâncias ordinárias, não sendo cabível rever, na via eleita, tais conclusões, a teor da Súmula 7/STJ. 7. Agravo regimental a que se nega provimento. (AGARESP 201202618030, OG FERNANDES, STJ – SEGUNDA TURMA, DJE DATA:25/03/2014 ..DTPB:.)

PROCESSUAL CIVIL E ADMINISTRATIVO. RECURSO ESPECIAL EM AÇÃO RESCISÓRIA. IMPUGNAÇÃO AOS FUNDAMENTOS DO ACÓRDÃO RESCINDENDO. POSSIBILIDADE. BENS PÚBLICOS. USO DE SOLO, SUBSOLO E ESPAÇO AÉREO POR CONCESSIONÁRIA DE SERVIÇO PÚBLICO. COBRANÇA. IMPOSSIBILIDADE. 1. A jurisprudência desta Corte Superior de Justiça sedimentou o entendimento de que o recurso especial interposto nos autos de ação rescisória fundada em ofensa do art. 485, V, do CPC pode impugnar diretamente as razões do acórdão rescindendo, não devendo, obrigatoriamente, se limitar ao pressuposto desta ação (violação da literalidade de lei). Nesse sentido, os seguintes julgados da Corte Especial: EREsp 517220/RN, Rel. Ministro HAMILTON CARVALHIDO, Rel. p/ Acórdão Ministra NANCY ANDRIGHI, CORTE ESPECIAL, julgado em 29/08/2012, DJe 23/11/2012; EREsp 1046562/CE, Rel. Ministra ELIANA CALMON, Rel. p/ Acórdão Ministra NANCY ANDRIGHI, CORTE ESPECIAL, julgado em 02/03/2011, DJe 19/04/2011. 2. É pacífico o entendimento desta Corte Superior no sentido de que a cobrança em face de concessionária de serviço público pelo uso de solo, subsolo ou espaço aéreo é ilegal (seja para a instalação de postes, dutos ou linhas de transmissão, p. ex.) porque (i) a utilização, neste caso, reverte em favor da sociedade – razão pela qual não cabe a fixação de preço público – e (ii) a natureza do valor cobrado não é de taxa, pois não há serviço público prestado ou poder de polícia exercido. 3. Agravo regimental não provido. (AGRESP 201301078955, MAURO CAMPBELL MARQUES, STJ – SEGUNDA TURMA, DJE DATA:24/10/2013..DTPB:.)

3. RESCISÓRIA NO DIREITO DO TRABALHO

Faremos breve referência à mesma, para lembrar que a CLT, em seu art. 836, prescreve:

> "É vedado aos órgãos da Justiça do Trabalho conhecer de questões já decididas, excetuados os casos expressamente previstos neste Título e a ação rescisória, que será admitida na forma do disposto no Capítulo IV do Título IX da Lei 5.869, de 11 de janeiro de 1973 – Código de Processo Civil, dispensado o depósito referido nos arts. 488, II, e 494 daquele diploma legal (red. da Lei 7.351/85)."

Além de outras, as súmulas do eg. TST, a seguir, condensaram sua jurisprudência a respeito:

> Súmula n° 158: "Da decisão do Tribunal Regional do Trabalho em ação rescisória, é cabível o recurso ordinário para o Tribunal Superior do Trabalho, em face da organização judiciária trabalhista."

Tal verbete está em harmonia com a disposição do art. 895, *b*, da CLT, pois a rescisória é ação de competência originária dos tribunais. Logo, quando julgada por algum TRT, o RO, que tem âmbito devolutivo mais abrangente que o recurso de revista, pois inclui, também, matéria probatória, o que é impróprio do RR, será o recurso efetivamente, por sua natureza, adequado para impugnar o respectivo acórdão regional.

Assinale-se, por outro lado, que, se a rescisória for processada e julgada, originariamente, pelo eg. TST, o único recurso cabível, em tese, para outro tribunal, será para o eg. STF, caso se façam presentes os requisitos do inc. III, do art. 102, da CF.

> Súmula n° 192: "Não sendo conhecidos o recurso de revista e o de embargos, a competência para julgar a ação que vise a rescindir a decisão de mérito é do Tribunal Regional do Trabalho."

Esta súmula, *mutatis mutandis*, tem o mesmo sentido da Súmula n° 249/STF, a *contrario sensu* interpretada.

> Súmula n° 194: "As ações rescisórias ajuizadas na Justiça do Trabalho serão admitidas, instruídas e julgadas conforme os arts. 485 *usque* 495 do CPC de 1973, sendo, porém, desnecessário o depósito prévio a que aludem os arts. 488, II, e 494 do mesmo Código."

> Súmula n° 298: "A conclusão acerca da ocorrência de violação literal de lei pressupõe pronunciamento explícito na sentença rescindenda, sobre a matéria veiculada."

> Súmula n° 299: "É indispensável ao processamento da demanda rescisória a prova do trânsito em julgado da decisão rescindenda. Verificando o relator que a parte interessada não juntou à inicial o documento comprobatório, abrirá prazo de dez dias para que o faça, sob pena de indeferimento."

O verbete n° 298 pressupõe, quando a causa de pedir se fundamentar no item V, do art. 485, do CPC – violação a literal disposição de lei –, que a sentença, incluindo-se, naturalmente, também acórdão, tenha se manifestado, explicitamente, sobre a matéria.

É, *mutatis mutandis*, a aplicação, em tal esfera, do princípio do prequestionamento, exigido para acesso aos egs. STF, STJ e TST, através dos recursos transordinários (RE, REsp. e RR), conforme Súmulas nos 282 e 356 daquele, 98 do segundo e 297 do terceiro.

Tal exigência é lógica e consentânea com a norma legal, uma vez que, para se saber se houve violação da lei, pela decisão rescindenda, é imprescindível que esta tenha se manifestado, expressamente, a respeito, dizendo que aplicava ou não a norma legal, ou que lhe interpretava "assim" ou "assado", sempre fundamentadamente (art. 93, IX/CF), pois só a partir da respectiva inteligência atribuída ao preceito cuja violação constitua o fundamento da rescisória será possível ao tribunal, no julgamento desta, concluir se houve, ou não, o vício em apreço.

É uma exigência, sem dúvida, aplicável às rescisórias em geral, seja qual for o seu ramo do Direito.

Cabível, também, a cautelar suspensiva da execução rescindenda, excepcionalmente, conforme precedentes do mesmo e eg. TST, por exemplo: cautelar incidental na AR n° 45/00 – DJU de 11.07.2000, p. 69.

Como regra geral, em tal esfera judicante, os princípios são os mesmos anteriormente abordados, com as particularidades específicas.

4. RESCISÓRIA NO DIREITO ELEITORAL

Normalmente, a ação em foco é incompatível com o Direito Eleitoral, que pressupõe, por natureza, procedimento célere, com a prática mais concentrada dos atos processuais.

A LC n° 86, de 14.05.96, no entanto, houve por bem acrescentar ao art. 22, da Lei n° 4.737, de 15.07.65 – Código Eleitoral –, a alínea *j*.

Tal artigo prescreve:

> "Compete ao Tribunal Superior:
>
> I – processar e julgar originariamente:
>
> (...)
>
> j) a ação rescisória, nos casos de inelegibilidade, desde que intentada dentro do prazo de cento e vinte dias de decisão irrecorrível, possibilitando-se o exercício do mandato eletivo até o seu trânsito em julgado."

A partir da inovação foi aberta a perspectiva de rescisória, nas hipóteses de inelegibilidade (LC n° 64, de 18.05.90), em tal esfera do Direito, com as particularidades próprias, dentre elas:

1) o prazo decadencial de 120 dias;

2) a possibilidade do exercício do mandato até o trânsito em julgado da rescisória, o que tem conotação cautelar, contrariamente ao que dispõe a regra contida no art. 489 do CPC;

3) afastando, ainda, a incidência do art. 15 da LC 64.

É oportuno observar que, precursoramente a tal inovação, o prof. Tito Costa, em sua obra *Recursos em matéria eleitoral*, 7ª ed., RT, ps. 196-7, assinalou:

> "No capítulo 3, sob o n° 3.12, tratamos da ação rescisória, inadmitida no processo eleitoral. Entendemos, no entanto, que na ação de impugnação de mandato eletivo ela será possível, em tese. Tratando-se de ação ordinária, cuja procedência acarretará efeitos danosos ao requerido, parece-nos perfeitamente cabível a rescisória, desde que ocorrido o trânsito em julgado da decisão rescindenda. A razão deste nosso entendimento é simples, para o que valemo-nos de precioso ensinamento do min. Marco Aurélio, do STF, com assento também no TSE: '...admite-se, sem submissão a qualquer prazo decadencial; admite-se uma ação, que tenho para mim como ordinária, contra a coisa julgada. Refiro-me ao contido no art. 471 do CPC; se a sentença versa sobre relação jurídica de débito permanente, é possível a revisão dessa mesma sentença, o que bem demonstra que não há a imutabilidade que surgiria, ao primeiro exame, do que se contém no inciso XXXVI do art. 5º da Carta de 1988. Todavia, é nesse mesmo rol que se prevê a ação constitucional do mandado de segurança; ação que, ao lado do *habeas corpus*, se diz heróica, excepcionalíssima. E indaga-se: mesmo diante da coisa julgada, não pode mandado de segurança ser acionado, ser empolgado, visando preservar um direito inerente à cidadania, com repercussões no campo substancial? Estaria o mandado de segurança em plano inferior à ação rescisória? À revisional no art. 471? Ou seria a derradeira chance de alcançar-se, com possibilidade de se ter, inclusive, uma liminar, um provimento acautelador, um provimento de reposição de um direito no seu devido lugar'."

CAPÍTULO VIII

CONSIDERAÇÕES GERAIS

1. INSTITUTOS AFINS

1.1 Na esfera penal

Na esfera penal, a revisão – arts. 621 a 631, do CPP – constitui figura afim da rescisória, contendo, no entanto, características peculiares, a saber:

a) só pode ser requerida pelo réu ou pelos seus sucessores (art. 623);

b) embora pressupondo o trânsito em julgado da decisão revisanda (art. 621), poderá ser requerida a qualquer tempo (art. 622);

c) seu julgamento não poderá prejudicar a decisão revista (art. 626) etc.

Pela Súmula n° 393, do STF:

> "Para requerer revisão criminal, o condenado não é obrigado a recolher-se à prisão."

1.2 No âmbito administrativo

Pela Lei n° 9.784, de 29.01.99, que regula o processo administrativo no âmbito da Administração Pública Federal, está prevista a revisão, conforme o art. 65 e seu parágrafo único, que dispõem:

> "Os processos administrativos de que resultem sanções poderão ser revistos, a qualquer tempo, a pedido ou de ofício, quando surgirem fatos novos ou circunstâncias relevantes suscetíveis de justificar a inadequação da sanção aplicada.
>
> Parágrafo único – Da revisão do processo não poderá resultar agravamento da sanção."

É uma revisão que tem certa afinidade com a rescisória e maior aproximação com a revisão criminal, como resulta do preceito *supra*, sendo cabível apenas para pleitear solução mais favorável para o interessado, não sofrendo limitação temporal.

1.3 No processo disciplinar

Pela Lei n° 8.112, de 11.12.90 (Regime Jurídico dos Servidores da União, das Autarquias e Fundações Públicas Federais), está prevista a revisão do processo disciplinar, a partir do seu art. 174, instituto igualmente afim, sobretudo, da revisão criminal.

1.4 No Juizado Especial

Nos Juizados Especiais Cíveis, a Lei n° 9.099/95, art. 59, veda o ajuizamento de rescisórias ao prescrever:

> "Art. 59 – Não se admitirá ação rescisória nas causas sujeitas, ao procedimento instituído por esta Lei."

O art. 1° da Lei n° 10.259/2001, que instituiu o Juizado Especial Federal, manda aplicar subsidiariamente a este, atendidas as suas peculiaridades, os preceitos da Lei n° 9.099/95, o que leva a se concluir pelo não-cabimento de rescisória das respectivas decisões deste juizado. Tal *desideratum* se compraz com os princípios que informam a atuação de tais juizados, consistentes na oralidade, simplicidade, informalidade, economia e celeridade (art. 2° da Lei n° 9.099/95), o que se harmoniza, também, com o art. 98, I, da própria CF, sua matriz básica. Em suma, a rescisória é totalmente incompatível com os objetivos almejados pelos Juizados, os quais se resumem na busca de uma rápida justiça, nas hipóteses legalmente previstas.

CAPÍTULO IX

CONCLUSÃO

Criticada por alguns, enaltecida por outros, todos apresentando ponderáveis razões, o certo é que a ação em apreço desempenha importante função em nosso cenário jurídico.

Com efeito, no embate entre os valores justiça e segurança, constitucionalmente previstos (arts. 3º, I, e 5º, XXXVI), procura-se alcançar o primeiro, o que nem sempre ocorre, optando o ordenamento pela predominância do segundo, em prol da estabilidade das relações jurídicas.

Há situações, entretanto, em que o valor "justiça", consagrado, expressamente, como um dos objetivos fundamentais da República Federativa do Brasil, no art. 3º, I, da CF, é postergado pela decisão judicial, acobertada pela coisa julgada (CF, art. 5º, XXXVI), sendo, por exemplo, alternativa prevista pela própria CF (arts. 102, I, *j*, 105, I, *e*, 108, I, *b*), além da legislação ordinária, a rescisão, em tese, do julgado, buscando restabelecer o primado daquela.

Desta forma, ao dispor sobre as competências dos tribunais para julgar rescisórias, a própria CF pressupõe, implicitamente, a falibilidade de decisões, de tal forma agressiva à ordem jurídica que facultam à parte uma última oportunidade para pleitear a desconstituição da respectiva coisa julgada, o que revela a sua preocupação com a prevalência, sempre que possível, do critério justiça.

Em certo momento, no entanto, é necessário que ocorra definitiva tranqüilidade, resultante das decisões judiciais, mesmo que aparentemente incorram em um dos permissivos inscritos no art. 485 do CPC, e tal se verifica quando ultrapassado o biênio a que se refere o art. 495, do mesmo Código, configurando-se, então, a chamada coisa soberanamente julgada.

Daí em diante, prepondera, em definitivo, como regra, o valor segurança jurídica.

É importante ressaltar que os princípios da razoabilidade e da proporcionalidade devem ser sopesados criteriosamente, na aferição de cada situação concreta posta na rescisória, para se concluir pela opção que mais atenda à finalidade da lei, levando em conta seus fins sociais e o bem comum que visa a preservar, tendo em vista a natureza de direito estrito da aludida ação e os valores básicos em confronto: estabilidade jurídica resultante da coisa julgada material *versus* (in)justiça resultante da decisão impugnada.

APÊNDICE

CONSTITUIÇÃO FEDERAL

Art. 5º – Todos são iguais perante a lei, sem distinção de qualquer natureza, garantindo-se aos brasileiros e aos estrangeiros residentes no País a inviolabilidade do direito à vida, à liberdade, à igualdade, à segurança e à propriedade, nos termos seguintes:

(...)

XXXVI – a lei não prejudicará o direito adquirido, o ato jurídico perfeito e a coisa julgada;

Art. 102 – Compete ao Supremo Tribunal Federal, precipuamente, a guarda da Constituição, cabendo-lhe: I – processar e julgar, originariamente: (...)

j) a revisão criminal e a ação rescisória de seus julgados;

Art. 105 – Compete ao Superior Tribunal de Justiça:

I – processar e julgar, originariamente:

(...)

e) as revisões criminais e ações rescisórias de seus julgados;

Art. 108 – Compete aos Tribunais Regionais Federais:

I – processar e julgar, originariamente:

(...)

b) as revisões criminais e as ações rescisórias de julgados seus ou dos juízes federais da região;

Código de Processo Civil (Lei nº 5.869, de 11.01.73)

TÍTULO IX
DO PROCESSO NOS TRIBUNAIS

(...)

CAPÍTULO IV
DA AÇÃO RESCISÓRIA

Art. 485 – A sentença de mérito, transitada em julgado, pode ser rescindida quando:

I – se verificar que foi dada por prevaricação, concussão ou corrupção do juiz;

II – proferida por juiz impedido ou absolutamente incompetente;

III – resultar de dolo da parte vencedora em detrimento da parte vencida, ou de colusão entre as partes, a fim de fraudar a lei;

IV – ofender a coisa julgada;

V – violar literal disposição de lei;

VI – se fundar em prova, cuja falsidade tenha sido apurada em processo criminal ou seja provada na própria ação rescisória;

VII – depois da sentença, o autor obtiver documento novo, cuja existência ignorava, ou de que não pôde fazer uso, capaz, por si só, de lhe assegurar pronunciamento favorável;

VIII – houver fundamento para invalidar confissão, desistência ou transação, em que se baseou a sentença;

IX – fundada em erro de fato, resultante de atos ou de documentos da causa.

X – (...)

§ 1º Há erro, quando a sentença admitir um fato inexistente, ou quando considerar inexistente um fato efetivamente ocorrido.

§ 2º É indispensável, num como noutro caso, que não tenha havido controvérsia, nem pronunciamento judicial sobre o fato.

Art. 486 – Os atos judiciais, que não dependem de sentença, ou em que esta for meramente homologatória, podem ser rescindidos, como os atos jurídicos em geral, nos termos da lei civil.

Art. 487 – Tem legitimidade para propor a ação:

I – quem foi parte no processo ou o seu sucessor a título universal ou singular;

II – o terceiro juridicamente interessado;

III – o Ministério Público:

a) se não foi ouvido no processo, em que lhe era obrigatória a intervenção;

b) quando a sentença é o efeito de colusão das partes, a fim de fraudar a lei.

Art. 488 – A petição inicial será elaborada com observância dos requisitos essenciais do art. 282, devendo o autor:

I – cumular ao pedido de rescisão, se for o caso, o de novo julgamento da causa;

II – depositar a importância de 5% (cinco por cento) sobre o valor da causa, a título de multa, caso a ação seja, por unanimidade de votos, declarada inadmissível, ou improcedente.

Parágrafo único – Não se aplica o disposto no n° II à União, ao Estado, ao Município e ao Ministério Público.

Art. 489 – A ação rescisória não suspende a execução da sentença rescindenda.

Art. 490 – Será indeferida a petição inicial:

I – nos casos previstos no art. 295;

II – quando não efetuado o depósito exigido pelo art. 488, II.

Art. 491 – O relator mandará citar o réu, assinando-lhe prazo nunca inferior a 15 (quinze) dias nem superior a 30 (trinta) para responder aos termos da ação. Findo o prazo com ou sem resposta, observar-se-á no que couber o disposto no Livro I, Título VIII, Capítulos IV e V.

Art. 492 – Se os fatos alegados pelas partes dependerem de prova, o relator delegará a competência ao juiz de direito da comarca onde deva ser produzida, fixando prazo de 45 (quarenta e cinco) a 90 (noventa) dias para a devolução dos autos.

Art. 493 – Concluída a instrução, será aberta vista, sucessivamente, ao autor e ao réu, pelo prazo de 10 (dez) dias, para razões finais. Em seguida, os autos subirão ao relator, procedendo-se ao julgamento:

I – no Supremo Tribunal Federal e no Tribunal Federal de Recursos, na forma dos seus Regimentos Internos;

II – nos Estados, conforme dispuser a norma de Organização Judiciária.

Art. 494 – Julgando procedente a ação, o tribunal rescindirá a sentença, proferirá, se for o caso, novo julgamento e determinará a restituição do depósito; declarando inadmissível ou improcedente a ação, a importância do depósito reverterá a favor do réu, sem prejuízo do disposto no art. 20.

Art. 495 – O direito de propor a ação rescisória se extingue em 2 (dois) anos, contados do trânsito em julgado da decisão.

LICC – LEI DE INTRODUÇÃO AO CÓDIGO CIVIL (DECRETO-LEI N° 4.657, DE 04.09.42)

Art. 6º – A Lei em vigor terá efeito imediato e geral, respeitados o ato jurídico perfeito, o direito adquirido e a coisa julgada. (...)

§ 3º – Chama-se coisa julgada ou caso julgado a decisão judicial de que já não caiba recurso.

CÓDIGO ELEITORAL (LEI N° 4.737, DE 15.07.65) E LEI COMPLEMENTAR N° 86, DE 14.05.96

Art. 22 – Compete ao Tribunal Superior:

I – processar e julgar originariamente: (...)

j) a ação rescisória, nos casos de inelegibilidade, desde que intentada dentro do prazo de 120 (cento e vinte) dias de decisão irrecorrível, possibilitando-se o exercício do mandato eletivo até o seu trânsito em julgado.

CONSOLIDAÇÃO DAS LEIS DO TRABALHO (CLT) – DECRETO-LEI N° 5.452, DE 01.05.43

Art. 836 – É vedado aos órgãos da Justiça do Trabalho conhecer de questões já decididas, excetuados os casos expressamente previstos neste Título e a ação rescisória, que será admitida na forma do disposto no Capítulo IV do Título IX da Lei n° 5.869, de 11 de janeiro de 1973 – Código de Processo Civil –, dispensado o depósito referido nos arts. 488, II, e 494 daquele diploma legal.(ver Súmula 338/STF)

STF – REGIMENTO INTERNO

CAPÍTULO IV
DA AÇÃO RESCISÓRIA

Art. 259 – Caberá ação rescisória de decisão proferida pelo Plenário ou por Turma do Tribunal, bem assim pelo Presidente, nos casos previstos na lei processual.

Art. 260 – Distribuída a inicial, o relator mandará citar o réu, fixando-lhe prazo para contestação.

Art. 261 – Contestada a ação, ou transcorrido o prazo, o relator proferirá despacho saneador e deliberará sobre as provas requeridas.

Parágrafo único – O relator poderá delegar atos instrutórios a juiz ou membro de outro tribunal que tenha competência territorial no local onde devam ser produzidos.

Art. 262 – Concluída a instrução, o relator abrirá vista sucessiva às partes, por 10 (dez) dias, para o oferecimento de razões e, após ouvido o Procurador-geral, lançará o relatório e passará os autos ao revisor que pedirá dia para julgamento.

(...)

Art. 333 – Cabem embargos infringentes à decisão não unânime do Plenário ou da turma: (...)

III – que julgar ação rescisória;

STJ – REGIMENTO INTERNO

CAPÍTULO II
DA AÇÃO RESCISÓRIA

Art. 233 – A ação rescisória terá início por petição escrita, acompanhada de tantas cópias quantos forem os réus.

Art. 234 – Distribuída a inicial, preenchendo esta os requisitos legais (Código de Processo Civil, arts. 282, 283, 295, 487, 488 e 490), o relator mandará citar o réu, assinando-lhe prazo nunca inferior a 15 (quinze) dias, nem superior a 30 (trinta), para responder aos termos da ação.

Art. 235 – Contestada a ação, ou transcorrido o prazo, o relator fará o saneamento do processo, deliberando sobre as provas requeridas.

Art. 236 – O relator poderá delegar competência a juiz ou a membro de outro Tribunal do local onde deva ser produzida a prova, fixando prazo para a devolução dos autos.

Art. 237 – Concluída a instrução, o relator abrirá vista, sucessivamente, ao autor e ao réu, pelo prazo de 10 (dez) dias, para razões finais. O representante do Ministério Público emitirá parecer após o prazo para as razões finais do autor e do réu. Em seguida, o relator lançará relatório nos autos, passando-se ao revisor, que pedirá dia para julgamento.

Parágrafo único – A Secretaria, ao ser incluído o feito em pauta, expedirá cópias autenticadas do relatório e as distribuirá entre os Ministros que compuserem o órgão do Tribunal competente para o julgamento.

Art. 238 – À distribuição da ação rescisória não concorrerá o Ministro que houver servido como relator do acórdão rescindendo. (...)

Art. 260 – Cabem embargos infringentes, no prazo de 15 (quinze) dias, quando não for unânime o julgado proferido em apelação e em ação rescisória. Se o desacordo for parcial, os embargos serão restritos à matéria objeto da divergência.

TRF 2ª REGIÃO – REGIMENTO INTERNO

Art. 10 – Compete ao Plenário: (...)

III – processar e julgar os mandados de segurança contra ato do Plenário ou do próprio Tribunal e de seu Presidente, em matéria de sua competência, seus incidentes e a ação rescisória de seus julgados, e, bem assim, os *habeas corpus* no âmbito de sua competência;

Art. 11 – Compete ao Plenário processar e julgar:

I – as ações rescisórias de seus julgados, os respectivos embargos infringentes, bem como embargos infringentes em ações rescisórias julgadas pelas Seções;

Art. 12 – Compete às Seções Especializadas: (...)

§ 1º – No âmbito de sua especialização, às Seções Especializadas compete:

I – processar e julgar:

a) as ações rescisórias, as revisões criminais de seus julgados, dos julgados das Turmas Especializadas e dos juízes de 1º Grau e os *habeas corpus* no âmbito de sua competência;

CAPÍTULO III

DA AÇÃO RESCISÓRIA

Art. 191 – A ação rescisória terá início por petição escrita, acompanhada de tantas cópias quantos forem os réus.

Art. 192 – Distribuída a petição inicial e preenchendo esta os requisitos legais, o relator mandará citar o réu, assinando-lhe prazo nunca inferior a 15 (quinze) dias nem superior a 30 (trinta), para responder.

Art. 193 – Contestada a ação, ou transcorrido o prazo, o relator saneará processo, deliberando sobre as provas requeridas.

Art. 194 – O relator poderá delegar competência a juiz de primeiro grau, do local onde deva ser produzida a prova, fixando-lhe prazo para fazê-lo e devolver os autos.

Art. 195 – Concluída a instrução, o relator abrirá vista, sucessivamente, ao autor e ao réu, pelo prazo de 10 (dez) dias, para razões finais. O Ministério Público Federal emitirá parecer após o prazo para as razões finais do autor e do réu. Em seguida, o relator lançará relatório nos autos, passando-os ao revisor, se for o caso, que pedirá dia para julgamento.

Parágrafo único – A Secretaria do Plenário ou da Seção Especializada ao ser incluído o feito em pauta, expedirá cópias autenticadas do relatório e as distribuirá entre os juízes que compuserem o órgão do Tribunal competente para julgamento.

Art. 196 – Na distribuição da ação rescisória não concorrerá o juiz que haja servido como relator do acórdão rescindendo.

SÚMULAS

Do Supremo Tribunal Federal

249 – É competente o Supremo Tribunal Federal para a ação rescisória, quando, embora não tendo conhecido do recurso extraordinário, ou havendo negado provimento ao agravo, tiver apreciado a questão federal controvertida.

252 – Na ação rescisória, não estão impedidos juízes que participaram do julgamento rescindendo.

264 – Verifica-se a prescrição intercorrente pela paralisação da ação rescisória por mais de cinco anos. (Observação: este prazo deve ser considerado, para nós, com a devida venia, como sendo de 02 anos, pois tal verbete foi editado sob o CPC/39, que previa o quinquênio decadencial, reduzido pelo de 73 e pelo NCPC, para o biênio)

295 – São inadmissíveis embargos infringentes contra decisão unânime do Supremo Tribunal Federal em ação rescisória.

338 – Não cabe ação rescisória no âmbito da Justiça do Trabalho.

343 – Não cabe ação rescisória por ofensa a literal disposição de lei, quando a decisão rescindenda se tiver baseado em texto legal de interpretação controvertida nos tribunais. (Ver RE 590.809/RS, relativamente a matéria constitucional direta)

514 – Admite-se ação rescisória contra sentença transitada em julgado, ainda que contra ela não se tenha esgotado todos os recursos.

515 – A competência para a ação rescisória não é do Supremo Tribunal Federal, quando a questão federal, apreciada no recurso extraordinário ou no agravo de instrumento, seja diversa da que foi suscitada no pedido rescisório.

Do Extinto Tribunal Federal de Recursos

129 – É exigível das autarquias o depósito previsto no art. 488, II, do Código de Processo Civil, para efeito de processamento da ação rescisória.

(Vide REsp. nº 76.969-SC – DJU de 10.06.96, p. 20.407) Obs: Ver Art. 968, § 1º, do NCPC.

134 – Não cabe ação rescisória por violação de literal disposição de lei se, ao tempo em que foi prolatada a sentença rescindenda, a interpretação era controvertida nos tribunais, embora, posteriormente, se tenha fixado favoravelmente à pretensão do autor.

234 – Não cabe medida cautelar em ação rescisória para obstar os efeitos da coisa julgada.

Do Superior Tribunal de Justiça

106 – Proposta a ação no prazo fixado para o seu exercício, a demora na citação, por motivos inerentes ao mecanismo da Justiça, não justifica o acolhimento da arguição de prescrição ou decadência.

175 – Descabe o depósito prévio nas ações rescisórias propostas pelo INSS.

401 – O prazo decadencial da ação rescisória só se inicia quando não for cabível qualquer recurso do último pronunciamento judicial. (Ver RE 666.589/DF)

Do Tribunal Superior do Trabalho

83 – AÇÃO RESCISÓRIA. MATÉRIA CONTROVERTIDA (incorporada a Orientação Jurisprudencial nº 77 da SBDI-2) – Res. 137/2005, DJ 22, 23 e 24.08.2005

I – Não procede pedido formulado na ação rescisória por violação literal de lei se a decisão rescindenda estiver baseada em texto legal infraconstitucional de interpretação controvertida nos Tribunais. (ex-Súmula nº 83 – alterada pela Res. 121/2003, DJ 21.11.2003)

II – O marco divisor quanto a ser, ou não, controvertida, nos Tribunais, a interpretação dos dispositivos legais citados na ação rescisória é a data da inclusão, na Orientação Jurisprudencial do TST, da matéria discutida. (ex-OJ nº 77 da SBDI-2 – inserida em 13.03.2002)

99 – AÇÃO RESCISÓRIA. DESERÇÃO. PRAZO (incorporada a Orientação Jurisprudencial nº 117 da SBDI-2) – Res. 137/2005, DJ 22, 23 e 24.08.2005

Havendo recurso ordinário em sede de rescisória, o depósito recursal só é exigível quando for julgado procedente o pedido e imposta condenação em pecúnia, devendo este ser efetuado no prazo recursal, no limite e nos termos da legislação vigente, sob pena de deserção.

(ex-Súmula nº 99 – alterada pela Res. 110/2002, DJ 15.04.2002 – e ex-OJ nº 117 da SBDI-2 – DJ 11.08.2003)

100 – *AÇÃO RESCISÓRIA. DECADÊNCIA (incorporadas as Orientações* Jurisprudenciais *nºs 13, 16, 79, 102, 104, 122 e 145 da SBDI-2) – Res. 137/2005, DJ 22, 23 e 24.08.2005*

I – O prazo de decadência, na ação rescisória, conta-se do dia imediatamente subseqüente ao trânsito em julgado da última decisão proferida na causa, seja de mérito ou não. (ex-Súmula nº 100 – alterada pela Res. 109/2001, DJ 20.04.2001)

II – Havendo recurso parcial no processo principal, o trânsito em julgado dá-se em momentos e em tribunais diferentes, contando-se o prazo decadencial para a ação rescisória do trânsito em julgado de cada decisão, salvo se o recurso tratar de preliminar ou prejudicial que possa tornar insubsistente a decisão recorrida, hipótese em que flui a decadência a partir do trânsito em julgado da decisão que julgar o recurso parcial. (ex-Súmula nº 100 – alterada pela Res. 109/2001, DJ 20.04.2001)

III – Salvo se houver dúvida razoável, a interposição de recurso intempestivo ou a interposição de recurso incabível não protrai o termo inicial do prazo decadencial. (ex-Súmula nº 100 – alterada pela Res. 109/2001, DJ 20.04.2001)

IV – O juízo rescindente não está adstrito à certidão de trânsito em julgado juntada com a ação rescisória, podendo formar sua convicção através de outros elementos dos autos quanto à antecipação ou postergação do "dies a quo" do prazo decadencial. (ex-OJ nº 102 da SBDI-2 – DJ 29.04.2003)

V – O acordo homologado judicialmente tem força de decisão irrecorrível, na forma do art. 831 da CLT. Assim sendo, o termo conciliatório transita em julgado na data da sua homologação judicial. (ex-OJ nº 104 da SBDI-2 – DJ 29.04.2003)

VI – Na hipótese de colusão das partes, o prazo decadencial da ação rescisória somente começa a fluir para o Ministério Público, que não interveio no processo principal, a partir do momento em que tem ciência da fraude. (ex-OJ nº 122 da SBDI-2 – DJ 11.08.2003)

VII – Não ofende o princípio do duplo grau de jurisdição a decisão do TST que, após afastar a decadência em sede de recurso ordinário, aprecia desde logo a lide, se a causa versar questão exclusivamente de direito e estiver em condições de imediato julgamento. (ex-OJ nº 79 da SBDI-2 – inserida em 13.03.2002)

VIII – A exceção de incompetência, ainda que oposta no prazo recursal, sem ter sido aviado o recurso próprio, não tem o condão de afastar a consumação da coisa julgada e, assim, postergar o termo inicial do prazo decadencial para a ação rescisória. (ex-OJ nº 16 da SBDI-2 – inserida em 20.09.2000)

IX – Prorroga-se até o primeiro dia útil, imediatamente subseqüente, o prazo decadencial para ajuizamento de ação rescisória quando expira em férias forenses, feriados, finais de semana ou em dia em que não houver expediente forense. Aplicação do art. 775 da CLT. (ex-OJ nº 13 da SBDI-2 – inserida em 20.09.2000)

X – Conta-se o prazo decadencial da ação rescisória, após o decurso do prazo legal previsto para a interposição do recurso extraordinário, apenas quando esgotadas todas as vias recursais ordinárias. (ex-OJ nº 145 da SBDI-2 – DJ 10.11.2004)

158 – *AÇÃO RESCISÓRIA (mantida) - Res. 121/2003, DJ 19, 20 e 21.11.2003*

Da decisão de Tribunal Regional do Trabalho, em ação rescisória, é cabível recurso ordinário para o Tribunal Superior do Trabalho, em face da organização judiciária trabalhista (ex-Prejulgado nº 35).

192 – AÇÃO RESCISÓRIA. COMPETÊNCIA E POSSIBILIDADE JURÍDICA DO PEDIDO (inciso III alterado) – Res. 153/2008, DEJT divulgado em 20, 21 e 24.11.2008

I – Se não houver o conhecimento de recurso de revista ou de embargos, a competência para julgar ação que vise a rescindir a decisão de mérito é do Tribunal Regional do Trabalho, ressalvado o disposto no item II. (ex-Súmula nº 192 – alterada pela Res. 121/2003, DJ 21.11.2003)

II – Acórdão rescindendo do Tribunal Superior do Trabalho que não conhece de recurso de embargos ou de revista, analisando argüição de violação de dispositivo de lei material ou decidindo em consonância com súmula de direito material ou com iterativa, notória e atual jurisprudência de direito material da Seção de Dissídios Individuais (Súmula nº 333), examina o mérito da causa, cabendo ação rescisória da competência do Tribunal Superior do Trabalho. (ex-Súmula nº 192 – alterada pela Res. 121/2003, DJ 21.11.2003)

III - Em face do disposto no art. 512 do CPC, é juridicamente impossível o pedido explícito de desconstituição de sentença quando substituída por acórdão do Tribunal Regional ou superveniente sentença homologatória de acordo que puser fim ao litígio.

IV – É manifesta a impossibilidade jurídica do pedido de rescisão de julgado proferido em agravo de instrumento que, limitando-se a aferir o eventual desacerto do juízo negativo de admissibilidade do recurso de revista, não substitui o acórdão regional, na forma do art. 512 do CPC. (ex-OJ nº 105 da SBDI-2 - DJ 29.04.2003)

V – A decisão proferida pela SBDI, em sede de agravo regimental, calcada na Súmula nº 333, substitui acórdão de Turma do TST, porque emite juízo de mérito, comportando, em tese, o corte rescisório. (ex-OJ nº 133 da SBDI-2 - DJ 04.05.2004)

194 – As ações rescisórias ajuizadas na Justiça do Trabalho serão admitidas, instruídas e julgadas conforme os arts. 485 *usque* 495 do CPC de 1973, sendo, porém, desnecessário o depósito prévio a que aludem os arts. 488, II, e 494 do mesmo Código.

219 – HONORÁRIOS ADVOCATÍCIOS. CABIMENTO (incorporada a Orientação Jurisprudencial nº 305 da SBDI-1 ao item I) – Res. 197/2015, DEJT divulgado em 14, 15 e 18.05.2015

I – Na Justiça do Trabalho, a condenação ao pagamento de honorários advocatícios, nunca superiores a 15% (quinze por cento), não decorre pura e simplesmente da sucumbência, devendo a parte, concomitantemente: a) estar assistida por sindicato da categoria profissional; b) comprovar a percepção de salário inferior ao dobro do salário mínimo ou encontrar-se em situação econômica que não lhe permita demandar sem prejuízo do próprio sustento ou da respectiva família. (art.14,§1º, da Lei nº 5.584/1970). (ex-OJ nº 305da SBDI-I)

II – É cabível a condenação ao pagamento de honorários advocatícios em ação rescisória no processo trabalhista.

III – São devidos os honorários advocatícios nas causas em que o ente sindical figure como substituto processual e nas lides que não derivem da relação de emprego.

259 – *TERMO DE CONCILIAÇÃO. AÇÃO RESCISÓRIA (mantida) – Res. 121/2003, DJ 19, 20 e 21.11.2003*

Só por ação rescisória é impugnável o termo de conciliação previsto no parágrafo único do art. 831 da CLT.

298 – *AÇÃO RESCISÓRIA. VIOLAÇÃO A DISPOSIÇÃO DE LEI. PRONUNCIAMENTO EXPLÍCITO (Redação alterada pelo Tribunal Pleno na sessão realizada em 6.2.2012) – Res. 177/2012, DEJT divulgado em 13, 14 e 15.02.2012*

I – A conclusão acerca da ocorrência de violação literal a disposição de lei pressupõe pronunciamento explícito, na sentença re*scindenda, sobre a matéria veiculada.*

II – O pronunciamento explícito exigido em ação rescisória diz respeito à matéria e ao enfoque específico da tese debatida na ação, e não, necessariamente, ao dispositivo legal tido por violado. Basta que o conteúdo da norma reputada violada haja sido abordado na decisão rescindenda para que se considere preenchido o pressuposto.

III – Para efeito de ação rescisória, considera-se pronunciada explicitamente a matéria tratada na sentença quando, examinando remessa de ofício, o Tribunal simplesmente a confirma.

IV – A sentença meramente homologatória, que silencia sobre os motivos de convencimento do juiz, não se mostra rescindível, por ausência de pronunciamento explícito.

V – Não é absoluta a exigência de pronunciamento explícito na ação rescisória, ainda que esta tenha por fundamento violação de dispositivo de lei. Assim, prescindível o pronunciamento explícito quando o vício nasce no próprio julgamento, como se dá com a sentença "extra, citra *e ultra petita".*

299 – *AÇÃO RESCISÓRIA. DECISÃO RESCINDENDA. TRÂNSITO EM JULGADO. COMPROVAÇÃO. EFEITOS (incorporadas as Orientações Jurisprudenciais nºs 96 e 106 da SBDI-2) – Res. 137/2005, DJ 22, 23 e 24.08.2005*

I – É indispensável ao processamento da ação rescisória a prova do trânsito em julgado da decisão rescindenda. (ex-Súmula nº 299 – Res. 8/1989, DJ 14, 18 e 19.04.1989)

II – Verificando o relator que a parte interessada não juntou à inicial o documento comprobatório, abrirá prazo de 10 (dez) dias para que o faça, sob pena de indeferimento. (ex-Súmula nº 299 – Res. 8/1989, DJ 14, 18 e 19.04.1989)

III – A comprovação do trânsito em julgado da decisão rescindenda é pressuposto processual indispensável ao tempo do ajuizamento da ação rescisória. Eventual trânsito em julgado posterior ao ajuizamento da ação rescisória não reabilita a ação proposta, na medida em que o ordenamento jurídico não contempla a ação rescisória preventiva. (ex-OJ nº 106 da SBDI-2 – DJ 29.04.2003)

IV – O pretenso vício de intimação, posterior à decisão que se pretende rescindir, se efetivamente ocorrido, não permite a formação da coisa julgada material. Assim, a ação rescisória deve ser julgada extinta, sem julgamento do mérito, por carência de ação, por inexistir decisão transitada em julgado a ser rescindida. (ex-OJ nº 96 da SBDI-2 – inserida em 27.09.2002)

303 – *FAZENDA PÚBLICA. DUPLO GRAU DE JURISDIÇÃO (incorporadas as Orientações Jurisprudenciais nºs 71, 72 e 73 da SBDI-1) – Res. 129/2005, DJ 20, 22 e 25.04.2005*

I – Em dissídio individual, está sujeita ao duplo grau de jurisdição, mesmo na vigência da CF/1988, decisão contrária à Fazenda Pública, salvo:

a) quando a condenação não ultrapassar o valor correspondente a 60 (sessenta) salários mínimos;

b) quando a decisão estiver em consonância com decisão plenária do Supremo Tribunal Federal ou com súmula ou orientação jurisprudencial do Tribunal Superior do Trabalho. (ex-Súmula nº 303 – alterada pela Res. 121/2003, DJ 21.11.2003 - Lei nº 10.352, de 26.12.2001)

II – Em ação rescisória, a decisão proferida pelo juízo de primeiro grau está sujeita ao duplo grau de jurisdição obrigatório quando desfavorável ao ente público, exceto nas hipóteses das alíneas "a" e "b" do inciso anterior. (ex-OJ nº 71 da SBDI-1 – inserida em 03.06.1996)

III – Em mandado de segurança, somente cabe remessa "ex officio" se, na relação processual, figurar pessoa jurídica de direito público como parte prejudicada pela concessão da ordem. Tal situação não ocorre na hipótese de figurar no feito como impetrante e terceiro interessado pessoa de direito privado, ressalvada a hipótese de matéria administrativa. (ex-OJs nºs 72 e 73 da SBDI-1 – inseridas, respectivamente, em 25.11.1996 e 03.06.1996)

365 – *ALÇADA. AÇÃO RESCISÓRIA E MANDADO DE SEGURANÇA (conversão das Orientações Jurisprudenciais nºs 8 e 10 da SBDI-1) – Res. 129/2005, DJ 20, 22 e 25.04.2005*

Não se aplica a alçada em ação rescisória e em mandado de segurança. (ex-OJs nºs 8 e 10 da SBDI-1 – inseridas em 01.02.1995)

397 – *AÇÃO RESCISÓRIA. ART. 485, IV, DO CPC. AÇÃO DE CUMPRIMENTO. OFENSA À COISA JULGADA EMANADA DE SENTENÇA NORMATIVA MODIFICADA EM GRAU DE RECURSO. INVIABILIDADE. CABIMENTO DE MANDADO DE SEGURANÇA (conversão da Orientação Jurisprudencial nº 116 da SBDI-2) - Res. 137/2005, DJ 22, 23 e 24.08.2005*

Não procede ação rescisória calcada em ofensa à coisa julgada perpetrada por decisão proferida em ação de cumprimento, em face de a sentença normativa, na qual se louvava, ter sido modificada em grau de recurso, porque em dissídio coletivo somente se consubstancia coisa julgada formal. Assim, os meios processuais aptos a atacarem a execução da cláusula reformada são a exceção de pré-executividade e o mandado de segurança, no caso de descumprimento do art. 572 do CPC. (ex-OJ nº 116 da SBDI-2 – DJ 11.08.2003)

398 – *AÇÃO RESCISÓRIA. AUSÊNCIA DE DEFESA. INAPLICÁVEIS OS EFEITOS DA REVELIA (conversão da Orientação Jurisprudencial nº 126 da SBDI-2) - Res. 137/2005, DJ 22, 23 e 24.08.2005*

Na ação rescisória, o que se ataca na ação é a sentença, ato oficial do Estado, acobertado pelo manto da coisa julgada. Assim sendo, e considerando que a coisa julgada envolve questão de ordem pública, a revelia não produz confissão na ação rescisória. (ex-OJ nº 126 da SBDI-2 – DJ 09.12.2003)

399 – *AÇÃO RESCISÓRIA. CABIMENTO. SENTENÇA DE MÉRITO. DECISÃO HOMOLOGATÓRIA DE ADJUDICAÇÃO, DE ARREMATAÇÃO E DE CÁLCULOS (conversão das Orientações Jurisprudenciais nºs 44, 45 e 85, primeira parte, da SBDI-2) – Res. 137/2005, DJ 22, 23 e 24.08.2005*

I – É incabível ação rescisória para impugnar decisão homologatória de adjudicação ou arrematação. (ex-OJs nºs 44 e 45 da SBDI-2 – inseridas em 20.09.2000)

II – A decisão homologatória de cálculos apenas comporta rescisão quando enfrentar as questões envolvidas na elaboração da conta de liquidação, quer solvendo a controvérsia das partes quer explicitando, de ofício, os motivos pelos quais acolheu os cálculos oferecidos por uma das partes ou pelo setor de cálculos, e não contestados pela outra. (ex-OJ nº 85 da SBDI-2 – primeira parte – inserida em 13.03.2002 e alterada em 26.11.2002).

400 – *AÇÃO RESCISÓRIA DE AÇÃO RESCISÓRIA. VIOLAÇÃO DE LEI. INDICAÇÃO DOS MESMOS DISPOSITIVOS LEGAIS APONTADOS NA RESCISÓRIA PRIMITIVA (conversão da Orienta*ção Jurisprudencial nº 95 da SBDI-2) – Res. 137/2005, DJ 22, 23 e *24.08.2005*

Em se tratando de rescisória de rescisória, o vício apontado deve nascer na decisão rescindenda, não se admitindo a rediscussão do acerto do julgamento da rescisória anterior. Assim, não se admite rescisória calcada no inciso V do art. 485 do CPC para discussão, por má aplicação dos mesmos dispositivos de lei, tidos por violados na rescisória anterior, bem como para argüição de questões inerentes à ação rescisória primitiva. (ex-OJ nº 95 da SBDI-2 – inserida em 27.09.2002 e alterada DJ 16.04.2004)

401 – *AÇÃO RESCISÓRIA. DESCONTOS LEGAIS. FASE DE EXECUÇÃO. SENTENÇA EXEQÜENDA OMISSA. INEXISTÊNCIA DE OFENSA À COISA JULGADA (conversão da Orientação Jurisprudencial nº 81 da SBDI-2) – Res. 137/2005 – DJ 22, 23 e 24.08.2005*

Os descontos previdenciários e fiscais devem ser efetuados pelo juízo executório, ainda que a sentença exeqüenda tenha sido omissa sobre a questão, dado o caráter de ordem pública ostentado pela norma que os disciplina. A ofensa à coisa julgada somente poderá ser caracterizada a hipótese de o título exeqüendo, expressamente, afastar a dedução dos valores a título de imposto de renda e de contribuição previdenciária. (ex-OJ nº 81 da SBDI-2 – inserida em 13.03.2002)

402 – *AÇÃO RESCISÓRIA. DOCUMENTO NOVO. DISSÍDIO COLETIVO. SENTENÇA NORMATIVA (conversão da Orientação Jurisprudencial nº 20 da SBDI-2) – Res. 137/2005, DJ 22, 23 e 24.08.2005*

Documento novo é o cronologicamente velho, já existente ao tempo da decisão rescindenda, mas ignorado pelo interessado ou de impossível utilização, à época, no processo. Não é documento novo apto a viabilizar a desconstituição de julgado:

a) sentença normativa proferida ou transitada em julgado posteriormente à sentença rescindenda;

b) sentença normativa preexistente à sentença rescindenda, mas não exibida no processo principal, em virtude de negligência da parte, quando podia e deveria louvar-se de documento já existente e não ignorado quando emitida a decisão rescindenda. (ex-OJ nº 20 da SBDI-2 – inserida em 20.09.2000)

403 – AÇÃO RESCISÓRIA. DOLO DA PARTE VENCEDORA EM DETRIMENTO DA VENCIDA. ART. 485, III, DO CPC (conversão das Orientações Jurisprudenciais nºs 111 e 125 da SBDI-2) – Res. 137/2005, DJ 22, 23 e 24.08.2005

I – Não caracteriza dolo processual, previsto no art. 485, III, do CPC, o simples fato de a parte vencedora haver silenciado a respeito de fatos contrários a ela, porque o procedimento, por si só, não constitui ardil do qual resulte cerceamento de defesa e, em conseqüência, desvie o juiz de uma sentença não-condizente com a verdade. (ex-OJ nº 125 da SBDI-2 – DJ 09.12.2003)

II – Se a decisão rescindenda é homologatória de acordo, não há parte vencedora ou vencida, razão pela qual não é possível a sua desconstituição calcada no inciso III do art. 485 do CPC (dolo da parte vencedora em detrimento da vencida), pois constitui fundamento de rescindibilidade

que supõe solução jurisdicional para a lide. (ex-OJ nº 111 da SBDI-2 – DJ 29.04.2003)

404 – *AÇÃO RESCISÓRIA. FUNDAMENTO PARA INVALIDAR CONFISSÃO. CONFISSÃO FICTA. INADEQUAÇÃO DO ENQUADRAMENTO NO ART. 485, VIII, DO CPC (conversão da Orientação Jurisprudencial nº 108 da SBDI-2) – Res. 137/2005, DJ 22, 23 e 24.08.2005*

O art. 485, VIII, do CPC, ao tratar do fundamento para invalidar a confissão como hipótese de rescindibilidade da decisão judicial, refere-se à confissão real, fruto de erro, dolo ou coação, e não à confissão ficta resultante de revelia. (ex-OJ nº 108 da SBDI-2 – DJ 29.04.2003)

405 – *AÇÃO RESCISÓRIA. LIMINAR. ANTECIPAÇÃO DE TUTELA (conversão das Orientações Jurisprudenciais nºs 1, 3 e 121 da SBDI-2) – Res. 137/2005, DJ 22, 23 e 24.08.2005*

I – Em face do que dispõe a MP 1.984-22/2000 e reedições e o artigo 273, § 7º, do CPC, é cabível o pedido liminar formulado na petição inicial de ação rescisória ou na fase recursal, visando a suspender a execução da decisão rescindenda.

II – O pedido de antecipação de tutela, formulado nas mesmas condições, será recebido como medida acautelatória em ação rescisória, por não se admitir tutela antecipada em sede de ação rescisória. (ex-OJs nºs 1 e 3 da SBDI-2 – inseridas em 20.09.2000 – e 121 da SBDI-2 – DJ 11.08.2003)

406 – *AÇÃO RESCISÓRIA. LITISCONSÓRCIO. NECESSÁRIO NO PÓLO PASSIVO E FACULTATIVO NO ATIVO. INEXISTENTE QUANTO AOS SUBSTITUÍDOS PELO SINDICATO (conversão das Orientações Jurisprudenciais nºs 82 e 110 da SBDI-2) – Res. 137/2005, DJ 22, 23 e 24.08.2005*

I – O litisconsórcio, na ação rescisória, é necessário em relação ao pólo passivo da demanda, porque supõe uma comunidade de direitos ou de obrigações que não admite solução díspar para os litisconsortes, em face da indivisibilidade do objeto. Já em relação ao pólo ativo, o litisconsórcio é facultativo, uma vez que a aglutinação de autores se faz por conveniência e não pela necessidade decorrente da natureza do litígio, pois não se pode condicionar o exercício do direito individual de um dos litigantes no processo originário à anuência dos demais para retomar a lide. (ex-OJ nº 82 da SBDI-2 – inserida em 13.03.2002)

II – O Sindicato, substituto processual e autor da reclamação trabalhista, em cujos autos fora proferida a decisão rescindenda, possui

legitimidade para figurar como réu na ação rescisória, sendo descabida a exigência de citação de todos os empregados substituídos, porquanto inexistente litisconsórcio passivo necessário. (ex-OJ nº 110 da SBDI-2 – DJ 29.04.2003)

407 – *AÇÃO RESCISÓRIA. MINISTÉRIO PÚBLICO. LEGITIMIDADE "AD CAUSAM" PREVISTA NO ART. 487, III, "A" E "B", DO CPC. AS HIPÓTESES SÃO MERAMENTE EXEMPLIFICATIVAS (conversão da Orientação Jurisprudencial nº 83 da SBDI-2) – Res. 137/2005, DJ 22, 23 e 24.08.2005*

A legitimidade "ad causam" do Ministério Público para propor ação rescisória, ainda que não tenha sido parte no processo que deu origem à decisão rescindenda, não está limitada às alíneas "a" e "b" do inciso III do art. 487 do CPC, uma vez que traduzem hipóteses meramente exemplificativas. (ex-OJ nº 83 da SBDI-2 – inserida em 13.03.2002)

408 – *AÇÃO RESCISÓRIA. PETIÇÃO INICIAL. CAUSA DE PEDIR. AUSÊNCIA DE CAPITULAÇÃO OU CAPITULAÇÃO ERRÔNEA NO ART. 485 DO CPC. PRINCÍPIO "IURA NOVIT CURIA" (conversão das Orientações Jurisprudenciais nºs 32 e 33 da SBDI-2) – Res. 137/2005, DJ 22, 23 e 24.08.2005*

Não padece de inépcia a petição inicial de ação rescisória apenas porque omite a subsunção do fundamento de rescindibilidade no art. 485 do CPC ou o capitula erroneamente em um de seus incisos. Contanto que não se afaste dos fatos e fundamentos invocados como causa de pedir, ao Tribunal é lícito emprestar-lhes a adequada qualificação jurídica ("iura novit curia"). No entanto, fundando-se a ação rescisória no art. 485, inc. V, do CPC, é indispensável expressa indicação, na petição inicial da ação rescisória, do dispositivo legal violado, por se tratar de causa de pedir da rescisória, não se aplicando, no caso, o princípio "iura novit curia". (ex-Ojs nºs 32 e 33 da SBDI-2 – inseridas em 20.09.2000)

409 – *AÇÃO RESCISÓRIA. PRAZO PRESCRICIONAL. TOTAL OU PARCIAL. VIOLAÇÃO DO ART. 7º, XXIX, DA CF/1988. MATÉRIA INFRACONSTITUCIONAL (conversão da Orientação Jurisprudencial nº 119 da SBDI-2) – Res. 137/2005, DJ 22, 23 e 24.08.2005*

Não procede ação rescisória calcada em violação do art. 7º, XXIX, da CF/1988 quando a questão envolve discussão sobre a espécie de prazo prescricional aplicável aos créditos trabalhistas, se total ou parcial, porque a matéria tem índole infraconstitucional, construída, na Justiça do Trabalho, no plano jurisprudencial. (ex-OJ nº 119 da SBDI-2 – DJ 11.08.2003)

410 – AÇÃO RESCISÓRIA. REEXAME DE FATOS E PROVAS. INVIABILIDADE (conversão da Orientação Jurisprudencial nº 109 da SBDI-2) – Res. 137/2005 DJ 22, 23 e 24.08.2005

A ação rescisória calcada em violação de lei não admite reexame de fatos e provas do processo que originou a decisão rescindenda. (ex-OJ nº 109 da SBDI-2 – DJ 29.04.2003)

411 – *AÇÃO RESCISÓRIA. SENTENÇA DE MÉRITO. DECISÃO DE TRIBUNAL REGIONAL DO TRABALHO EM AGRAVO REGIMENTAL CONFIRMANDO DECISÃO MONOCRÁTICA DO RELATOR QUE, APLICANDO A SÚMULA Nº 83 DO TST, INDEFERIU A PETIÇÃO INICIAL DA AÇÃO RESCISÓRIA. CABIMENTO (conversão da Orientação Jurisprudencial nº 43 da SBDI-2) – Res. 137/2005, DJ 22, 23 e 24.08.2005*

Se a decisão recorrida, em agravo regimental, aprecia a matéria na fundamentação, sob o enfoque das Súmulas nºs 83 do TST e 343 do STF, constitui sentença de mérito, ainda que haja resultado no indeferimento da petição inicial e na extinção do processo sem julgamento do mérito. Sujeita-se, assim, à reforma pelo TST, a decisão do Tribunal que, invocando controvérsia na interpretação da lei, indefere a petição inicial de ação rescisória. (ex-OJ nº 43 da SBDI-2 – inserida em 20.09.2000)

412 – AÇÃO RESCISÓRIA. SENTENÇA DE MÉRITO. QUESTÃO PROCESSUAL (conversão da Orientação Jurisprudencial nº 46 da SBDI-2) – Res. 137/2005, DJ 22, 23 e 24.08.2005

Pode uma questão processual ser objeto de rescisão desde que consista em pressuposto de validade de uma sentença de mérito. (ex-OJ nº 46 da SBDI-2 – inserida em 20.09.2000)

413 – AÇÃO RESCISÓRIA. SENTENÇA DE MÉRITO. VIOLAÇÃO DO ART. 896, "A", DA CLT (conversão da Orientação Jurisprudencial nº 47 da SBDI-2) – Res. 137/2005, DJ 22, 23 e 24.08.2005

É incabível ação rescisória, por violação do art. 896, «a», da CLT, contra decisão que não conhece de recurso de revista, com base em divergência jurisprudencial, pois não se cuida de sentença de mérito (art. 485 do CPC). (ex-OJ nº 47 da SBDI-2 – inserida em 20.09.2000)

425 – JUS POSTULANDI NA JUSTIÇA DO TRABALHO. ALCANCE. Res. 165/2010, DEJT divulgado em 30.04.2010 e 03 e 04.05.2010

O jus postulandi das partes, estabelecido no art. 791 da CLT, limita-se às Varas do Trabalho e aos Tribunais Regionais do Trabalho, não alcançando a ação rescisória, a ação cautelar, o mandado de segurança e os recursos de competência do Tribunal Superior do Trabalho.

Tribunal Regional Federal da 3ª Região

27 – É inaplicável a Súmula 343 do Supremo Tribunal Federal, em ação rescisória de competência da Segunda Seção, quando implicar exclusivamente interpretação de texto constitucional. (Ver RE 590.809/RS, que admite sua aplicação)

Tribunal Regional Federal da 4ª Região

63 – Não é aplicável a súmula 343 do Supremo Tribunal Federal nas ações rescisórias versando matéria constitucional. (idem)

Buscamos uma abordagem geral, a mais minudente possível mas, certamente, vários aspectos da AR, à luz do NCPC, tanto quanto da jurisprudência, ainda ficaram à margem, involuntariamente, com certeza, pelo que registramos, desde logo, nossas sinceras escusas aos nossos eventuais leitores.

A SEGUIR, OS ARTIGOS DO CPC/73 E DO NCPC, SOBRE AR

CPC/73	NCPC/2015
CAPÍTULO IV **DA AÇÃO RESCISÓRIA**	**CAPÍTULO VII** **DA AÇÃO RESCISÓRIA**
Art. 485. A sentença de mérito, transitada em julgado, pode ser rescindida quando:	**Art. 966**. A **decisão** de mérito, transitada em julgado, pode ser rescindida quando:
I – se verificar que foi dada por prevaricação, concussão ou corrupção do juiz;	I – se verificar que foi **proferida** por força de prevaricação, concussão ou corrupção do juiz;
II – proferida por juiz impedido ou absolutamente incompetente;	II – for proferida por juiz impedido ou por juízo absolutamente incompetente;
III – resultar de dolo da parte vencedora em detrimento da parte vencida, ou de colusão entre as partes, a fim de fraudar a lei;	III – resultar de dolo **ou coação** da parte vencedora em detrimento da parte vencida ou, ainda, de **simulação** ou colusão entre as partes, a fim de fraudar a lei;
IV – ofender a coisa julgada;	IV – ofender a coisa julgada;
V – violar literal disposição de lei;	V – violar manifestamente norma jurídica;
VI – se fundar em prova, cuja falsidade tenha sido apurada em processo criminal ou seja provada na própria ação rescisória;	VI – for fundada em prova cuja falsidade tenha sido apurada em processo criminal ou venha a ser demonstrada na própria ação rescisória;

VII – depois da sentença, o autor obtiver documento novo, cuja existência ignorava, ou de que não pôde fazer uso, capaz, por si só, de lhe assegurar pronunciamento favorável;	VII – obtiver o autor, **posteriormente ao trânsito em julgado, prova nova** cuja existência ignorava ou de que não pôde fazer uso, capaz, por si só, de lhe assegurar pronunciamento favorável;
VIII – houver fundamento para invalidar confissão, desistência ou transação, em que se baseou a sentença;	
IX – fundada em erro de fato, resultante de atos ou de documentos da causa;	VIII – for fundada em erro de fato **verificável** do exame dos autos
§ 1º Há erro, quando a sentença admitir um fato inexistente, ou quando considerar inexistente um fato efetivamente ocorrido. § 2º É indispensável, num como noutro caso, que não tenha havido controvérsia, nem pronunciamento judicial sobre o fato.	§ 1º Há erro de fato quando a **decisão rescindenda** admitir fato inexistente ou quando considerar inexistente fato efetivamente ocorrido, sendo indispensável, em ambos os casos, que o fato não represente **ponto controvertido** sobre o qual o juiz deveria ter se pronunciado.
Art. 486. Os atos judiciais, que não dependem de sentença, ou em que esta for meramente homologatória, podem ser rescindidos, como os atos jurídicos em geral, nos termos da lei civil.	§ 4º Os atos **de disposição de direitos, praticados pelas partes ou por outros participantes do processo e homologados pelo juízo, bem como os atos homologatórios praticados no curso da execução, estão sujeitos à anulação**, nos termos da lei.
	§ 5º Cabe ação rescisória, com fundamento no inciso V do **caput** deste artigo, contra decisão baseada em enunciado de súmula ou acórdão proferido em julgamento de casos repetitivos que não tenha considerado a existência de distinção entre a questão discutida no processo e o padrão decisório que lhe deu fundamento.

	§ 6º Quando a ação rescisória fundar-se na hipótese do § 5º deste artigo, caberá ao autor, sob pena de inépcia, demonstrar, fundamentadamente, tratar-se de situação particularizada por hipótese fática distinta ou de questão jurídica não examinada, a impor outra solução jurídica. (Os dois últimos parágrafos foram acrescentados pela Lei nº 13.256, de 04/02/2016.)
Art. 487. Tem legitimidade para propor a ação:	**Art. 967.** Têm legitimidade para propor a ação rescisória
I – quem foi parte no processo ou o seu sucessor a título universal ou singular;	I – quem foi parte no processo ou o seu sucessor a título universal ou singular;
II – o terceiro juridicamente interessado;	II – o terceiro juridicamente interessado;
III – o Ministério Público:	III – o Ministério Público:
a) se não foi ouvido no processo, em que lhe era obrigatória a intervenção;	a) se não foi ouvido no processo em que lhe era obrigatória a intervenção;
b) quando a sentença é o efeito de colusão das partes, a fim de fraudar a lei.	b) quando a **decisão rescindenda** é o efeito de **simulação ou** de colusão das partes, a fim de fraudar a lei;
Art. 488. A petição inicial será elaborada com observância dos requisitos essenciais do art. 282, devendo o autor:	**Art. 968.** A petição inicial será elaborada com observância dos requisitos essenciais do art. 319, devendo o autor:
I – cumular ao pedido de rescisão, se for o caso, o de novo julgamento da causa;	I – cumular ao pedido de rescisão, se for o caso, o de novo julgamento do processo;

II – depositar a importância de 5% (cinco por cento) sobre o valor da causa, a título de multa, caso a ação seja, por unanimidade de votos, declarada inadmissível, ou improcedente.	II – depositar a importância de cinco por cento sobre o valor da causa, **que se converterá** em multa caso a ação seja, por unanimidade de votos, declarada inadmissível ou improcedente.
Parágrafo único. Não se aplica o disposto no nº II à União, ao Estado, ao Município e ao Ministério Público.	§ 1º Não se aplica o disposto no inciso II à União, aos Estados, ao Distrito Federal, aos Municípios, às **suas respectivas autarquias e fundações de direito público**, ao Ministério Público, à Defensoria Pública e aos que **tenham obtido o benefício** de **gratuidade** da **justiça**.
Art. 489. O ajuizamento da ação rescisória não impede o cumprimento da sentença ou acórdão rescindendo, ressalvada a concessão, caso imprescindíveis e sob os pressupostos previstos em lei, de medidas de natureza cautelar ou antecipatória de tutela.	**Art. 969.** A propositura da ação rescisória não impede o cumprimento da **decisão** rescindenda, ressalvada a concessão de tutela provisória.
Art. 490. Será indeferida a petição inicial:	**Art. 968.** [...]
I – nos casos previstos no art. 295;	§ 3º Além dos casos previstos no art. 330, a petição inicial será indeferida quando não efetuado o depósito exigido pelo inciso II do caput deste artigo.
II – quando não efetuado o depósito, exigido pelo art. 488, II.	
Art. 491. O relator mandará citar o réu, assinando-lhe prazo nunca inferior a 15 (quinze) dias nem superior a 30 (trinta) para responder aos termos da ação. Findo o prazo com ou sem resposta, observar-se-á no que couber o disposto no Livro I, Título VIII, Capítulos IV e V.	**Art. 970.** O relator ordenará a citação do réu, designando-lhe prazo nunca inferior a 15 (quinze) dias nem superior a 30 (trinta) dias para, querendo, apresentar resposta**, ao fim do qual, com ou sem contestação, observar-se-á, no que couber, o procedimento comum**.

Art. 492. Se os fatos alegados pelas partes dependerem de prova, o relator delegará a competência ao juiz de direito da comarca onde deva ser produzida, fixando prazo de 45 (quarenta e cinco) a 90 (noventa) dias para a devolução dos autos.	**Art. 972.** Se os fatos alegados pelas partes dependerem de prova, o relator poderá delegar a competência **ao órgão que proferiu a decisão rescindenda**, fixando **prazo de** 1 **(um) a** 3 **(três) meses** para a devolução dos autos.
Art. 493. Concluída a instrução, será aberta vista, sucessivamente, ao autor e ao réu, pelo prazo de 10 (dez) dias, para razões finais. Em seguida, os autos subirão ao relator, procedendo-se ao julgamento:	**Art. 973.** Concluída a instrução, será aberta vista ao autor e ao réu para razões finais, sucessivamente, pelo prazo de 10 (dez) dias. **Parágrafo único.** Em seguida, os autos serão conclusos ao relator, procedendo-se ao julgamento **pelo órgão competente**.
I – no Supremo Tribunal Federal e no Superior Tribunal de Justiça, na forma dos seus regimentos internos;	
II – nos Estados, conforme dispuser a norma de Organização Judiciária.	
Art. 494. Julgando procedente a ação, o tribunal rescindirá a sentença, proferirá, se for o caso, novo julgamento e determinará a restituição do depósito; declarando inadmissível ou improcedente a ação, a importância do depósito reverterá a favor do réu, sem prejuízo do disposto no art. 20.	**Art. 974.** Julgando procedente **o pedido**, o tribunal rescindirá a decisão, proferirá, se for o caso, novo julgamento e determinará a restituição do depósito **a que se refere o inciso II do art.** 968. **Parágrafo único.** Considerando, **por unanimidade**, inadmissível ou improcedente **o pedido,** o tribunal determinará a reversão, em favor do réu, da importância do depósito, sem prejuízo do disposto no § 2º do art. 82.
Art. 495. O direito de propor ação rescisória se extingue em 2 (dois) anos, contados do trânsito em julgado da decisão.	**Art. 975.** O direito à rescisão se extingue em 2 (dois) anos contados do trânsito em julgado da última decisão proferida no processo.

Arts. 525, § 1º, III, § § 12 e 13; 535, III, § § 5º, 7º e 8º – inovações, naturalmente, sem correspondentes no anterior CPC.

REFERÊNCIAS BIBLIOGRÁFICAS

COSTA, Tito. *Recursos em matéria eleitoral*: temas de Direito Eleitoral. 7. ed. rev., atual. e ampl. de acordo com a Constituição de 1988. São Paulo: Revista dos Tribunais, 2000.

JARDIM, Torquato. *Direito Eleitoral Positivo*: conforme a nova lei dos partidos políticos e a lei eleitoral municipal de 1996. Brasília: Brasília Jurídica, 1996.

MARTINS NETTO, Modestino. *Manual da ação rescisória.* 1. ed. Rio de Janeiro: Edições Trabalhistas, 1972.

NEGRÃO, Theotonio. *Código de Processo Civil e legislação processual em vigor.* 2014, São Paulo: Saraiva, 46ª edição.

SALOMÃO, Paulo César. *Legislação eleitoral compilada.* 2. ed. Rio de Janeiro: Forense, 1994.

SOUZA, Bernardo Pimentel. *Introdução aos recursos cíveis e à ação rescisória.* Ed. Saraiva, 3ª edição.

MIRANDA, Pontes de. *Tratado da Ação Rescisória, atualizado por Vilson Rodrigues Alves.* Editora Bookseller, 1ª ed., 1998.

Impresso em julho de 2017

Impressão e acabamento
psi7 | book7
psi7.com.br book7.com.br